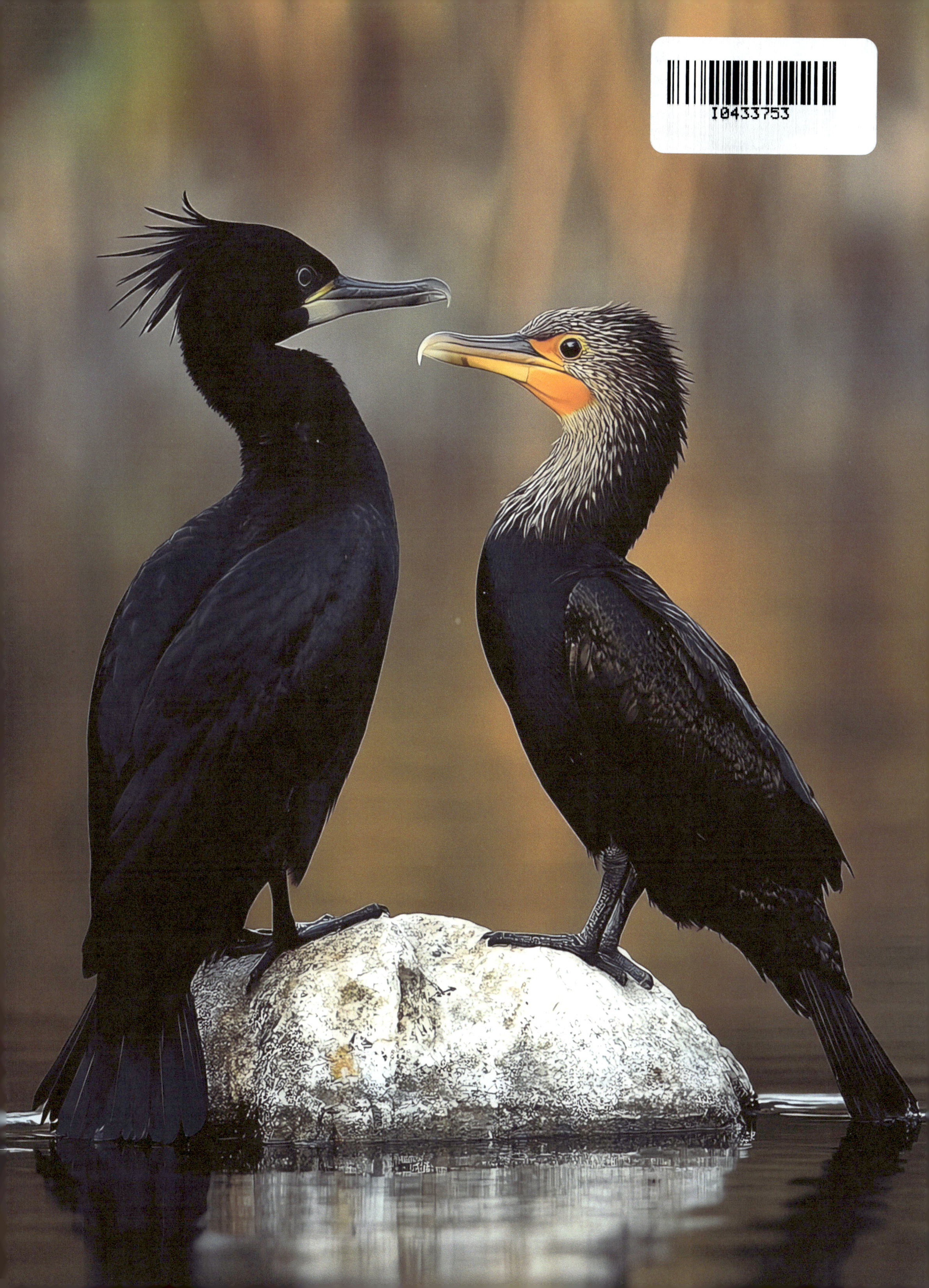

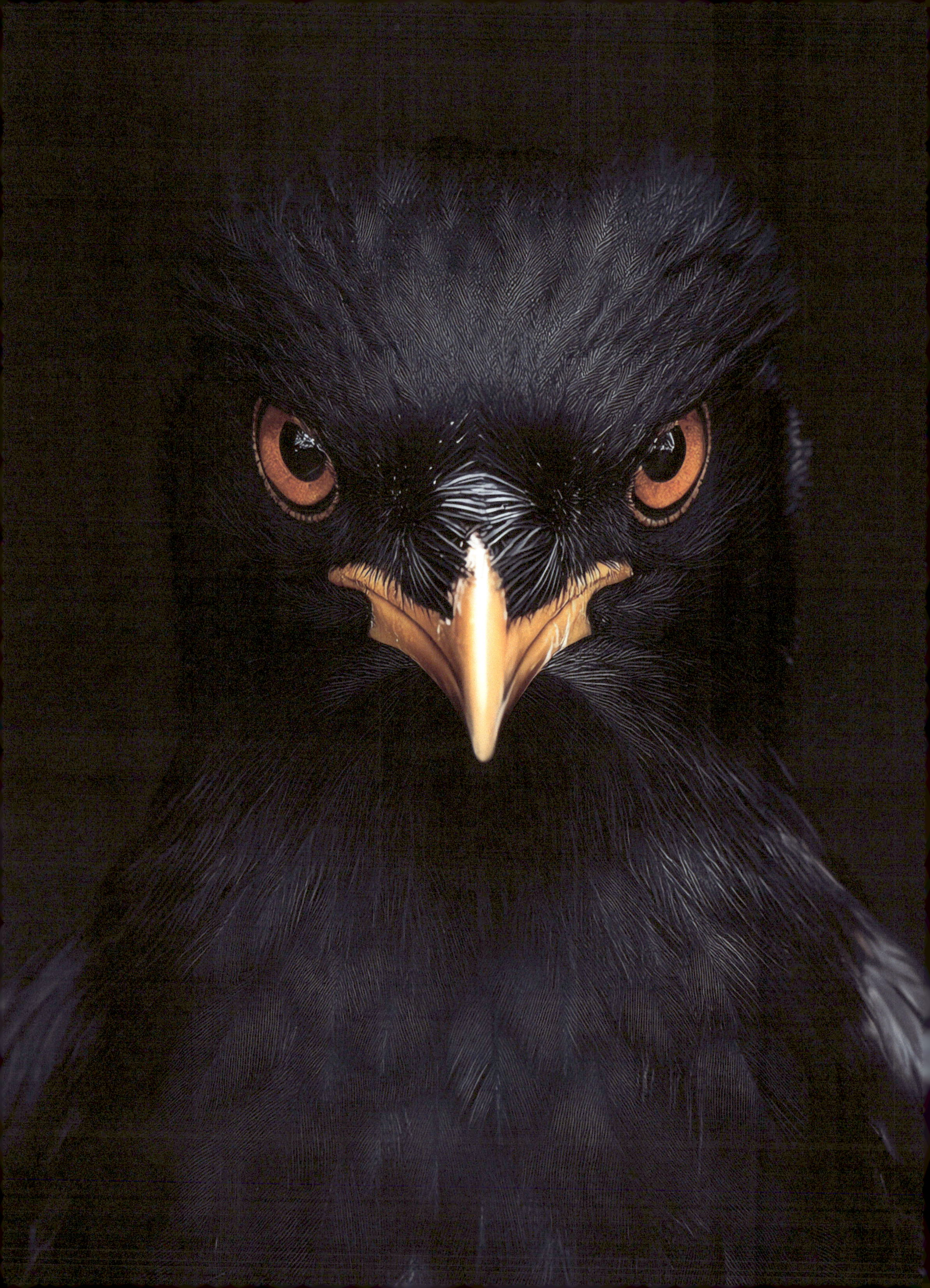

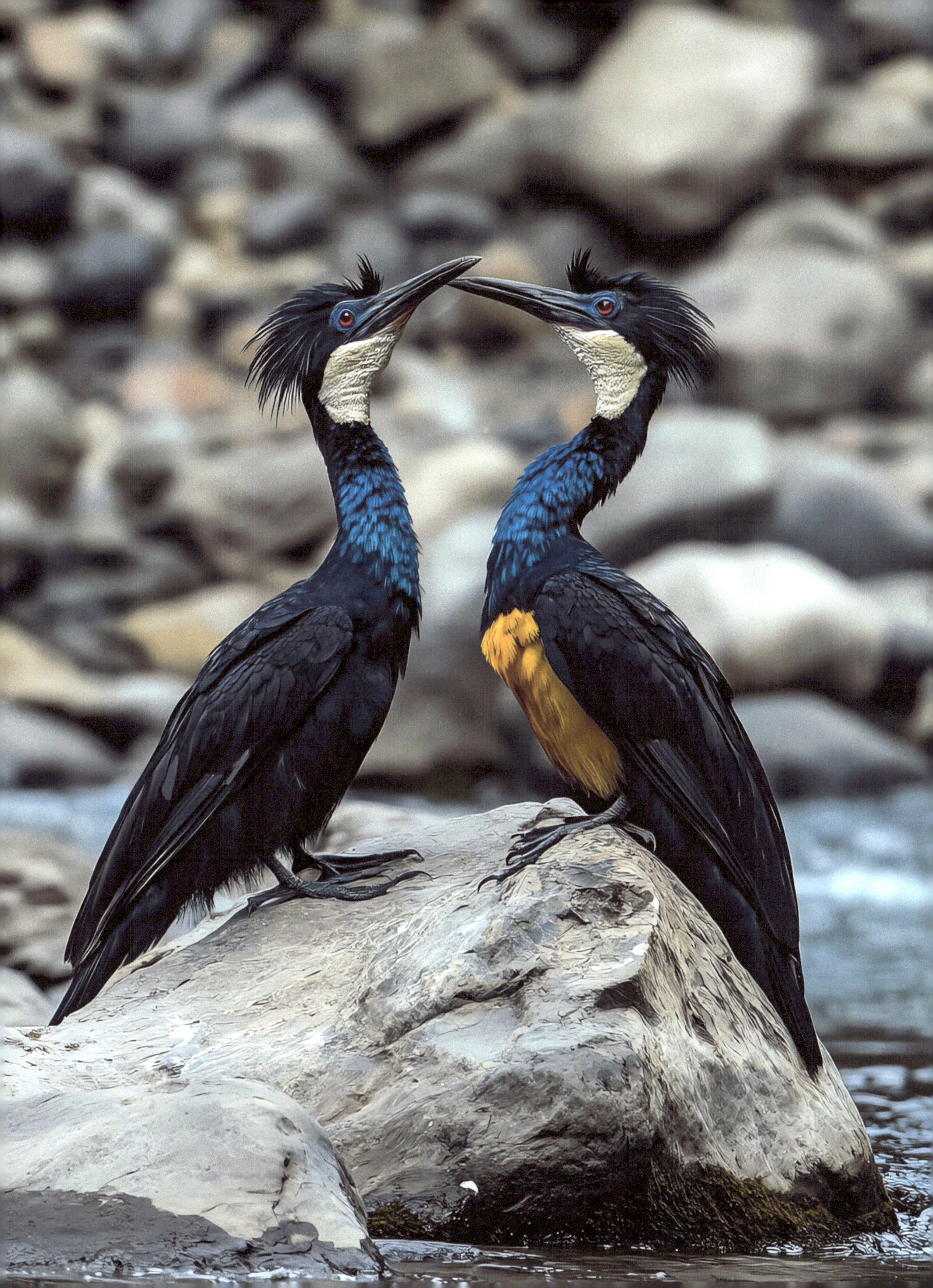

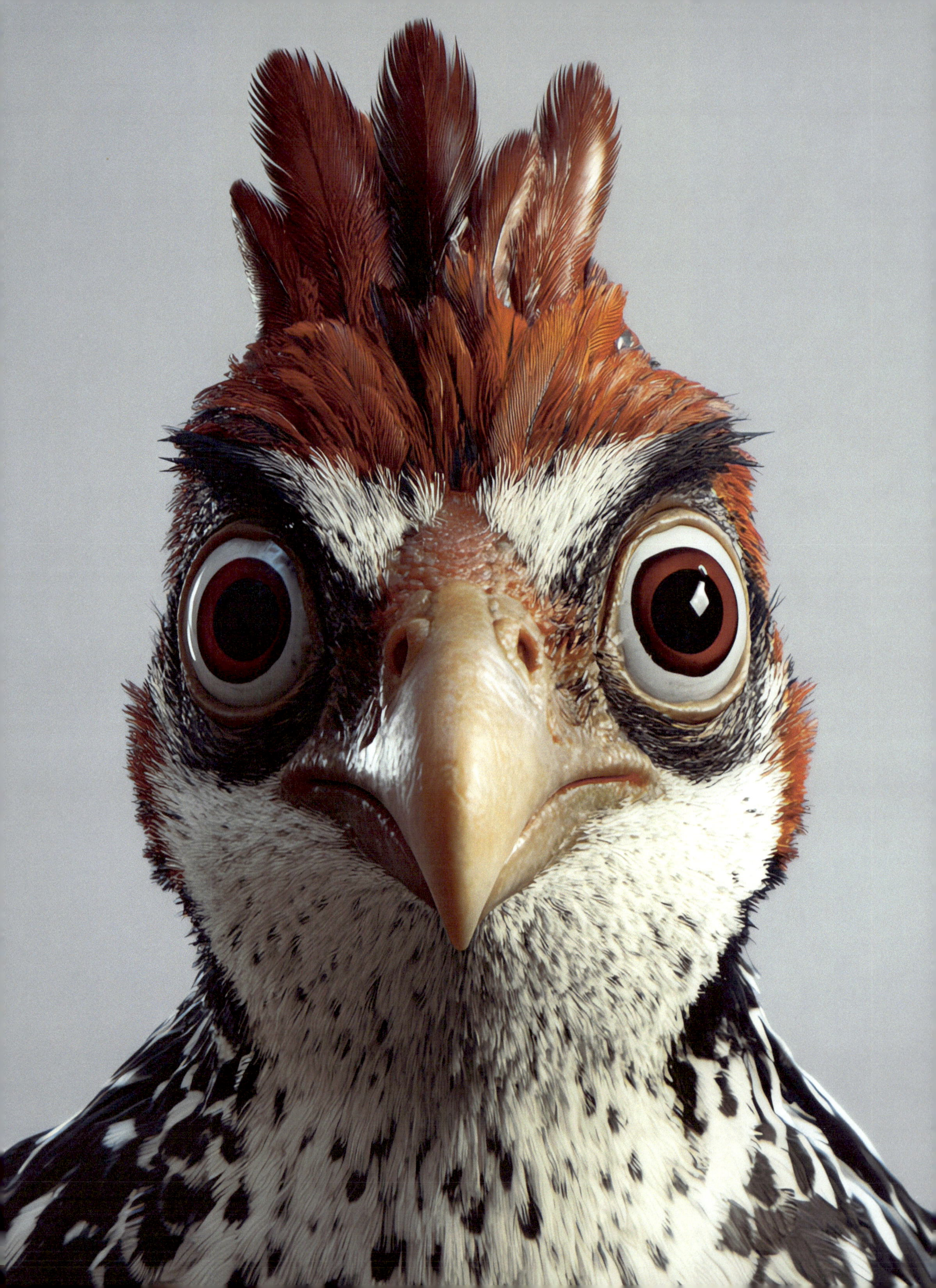

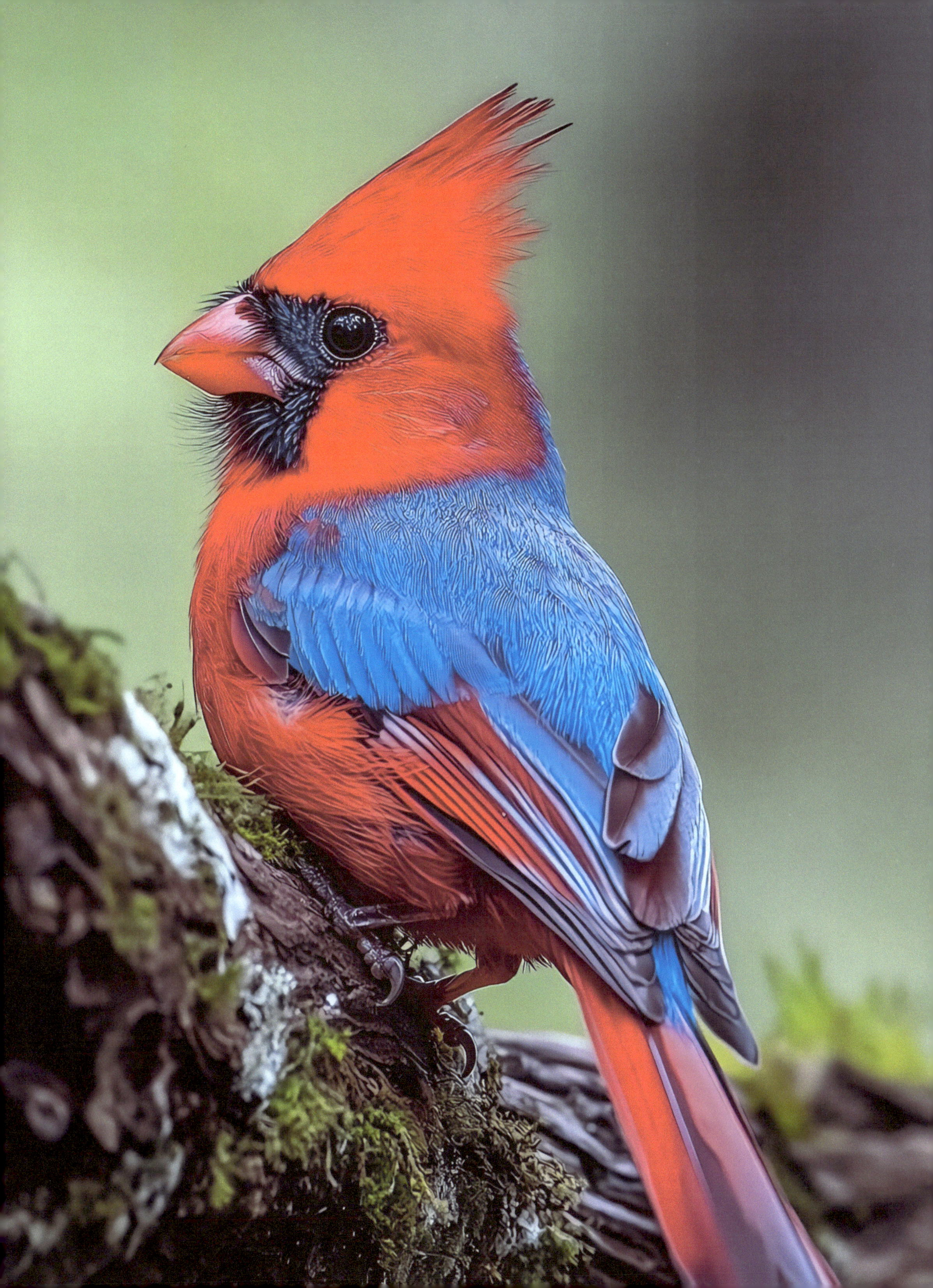

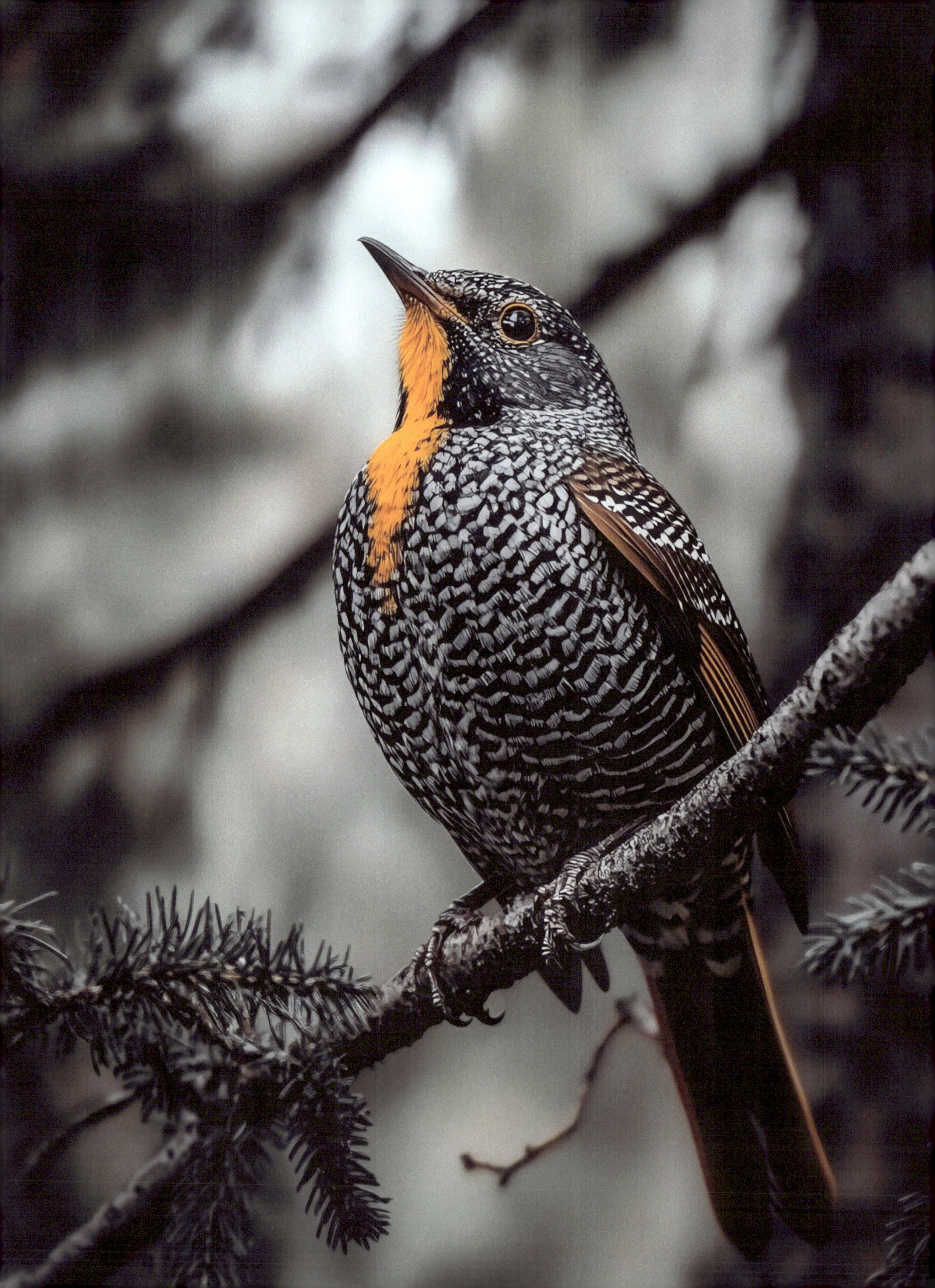

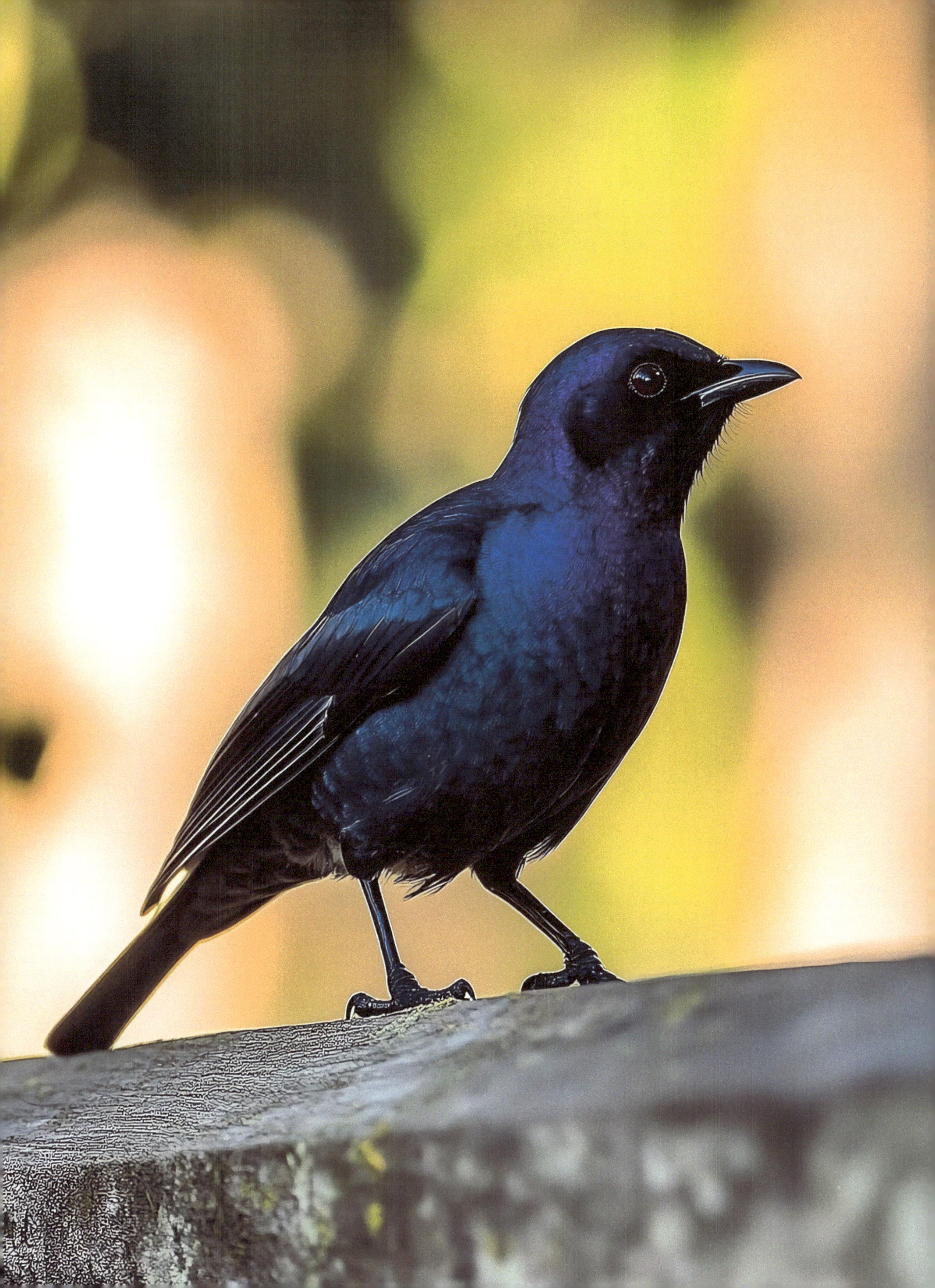

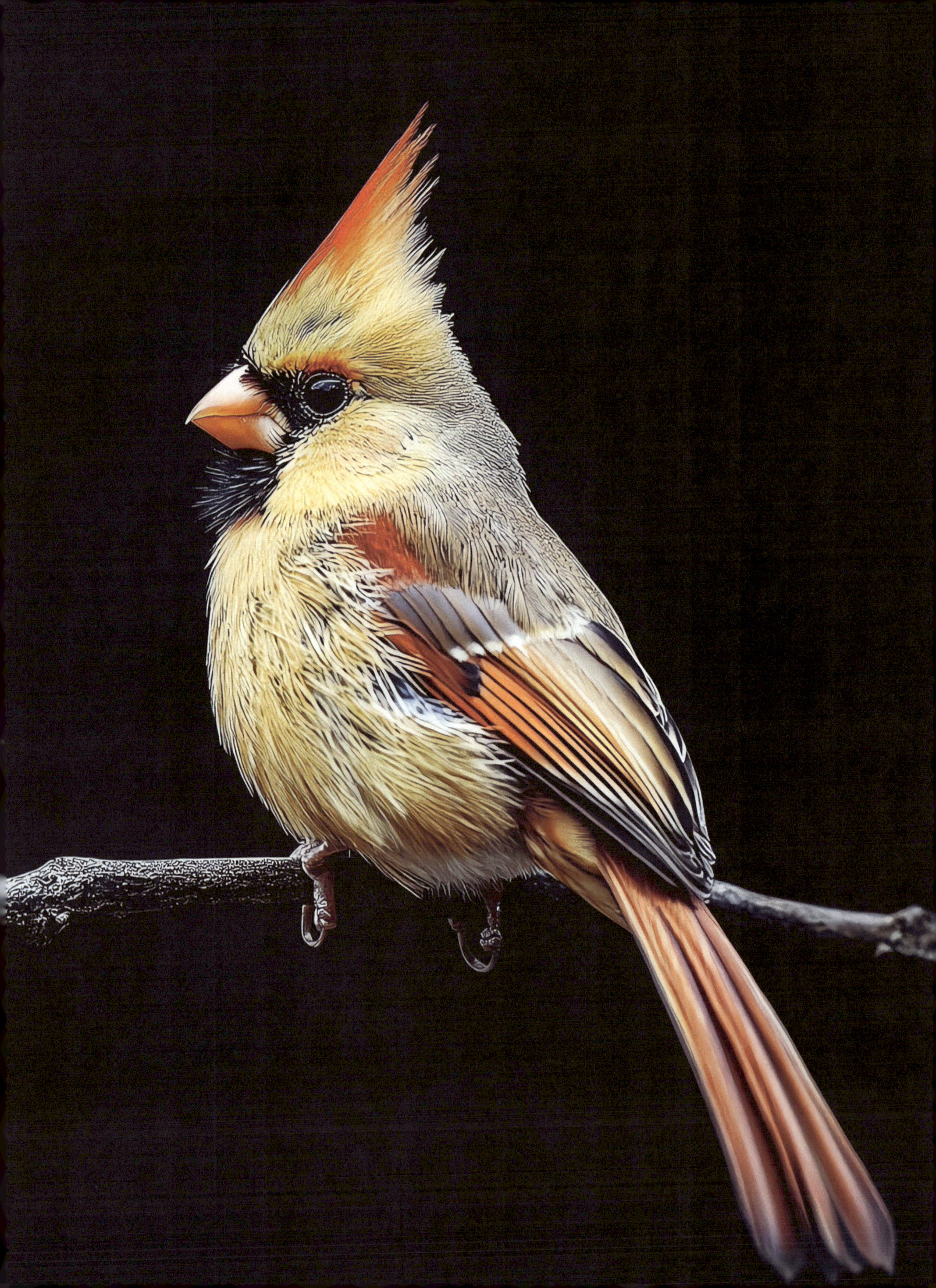

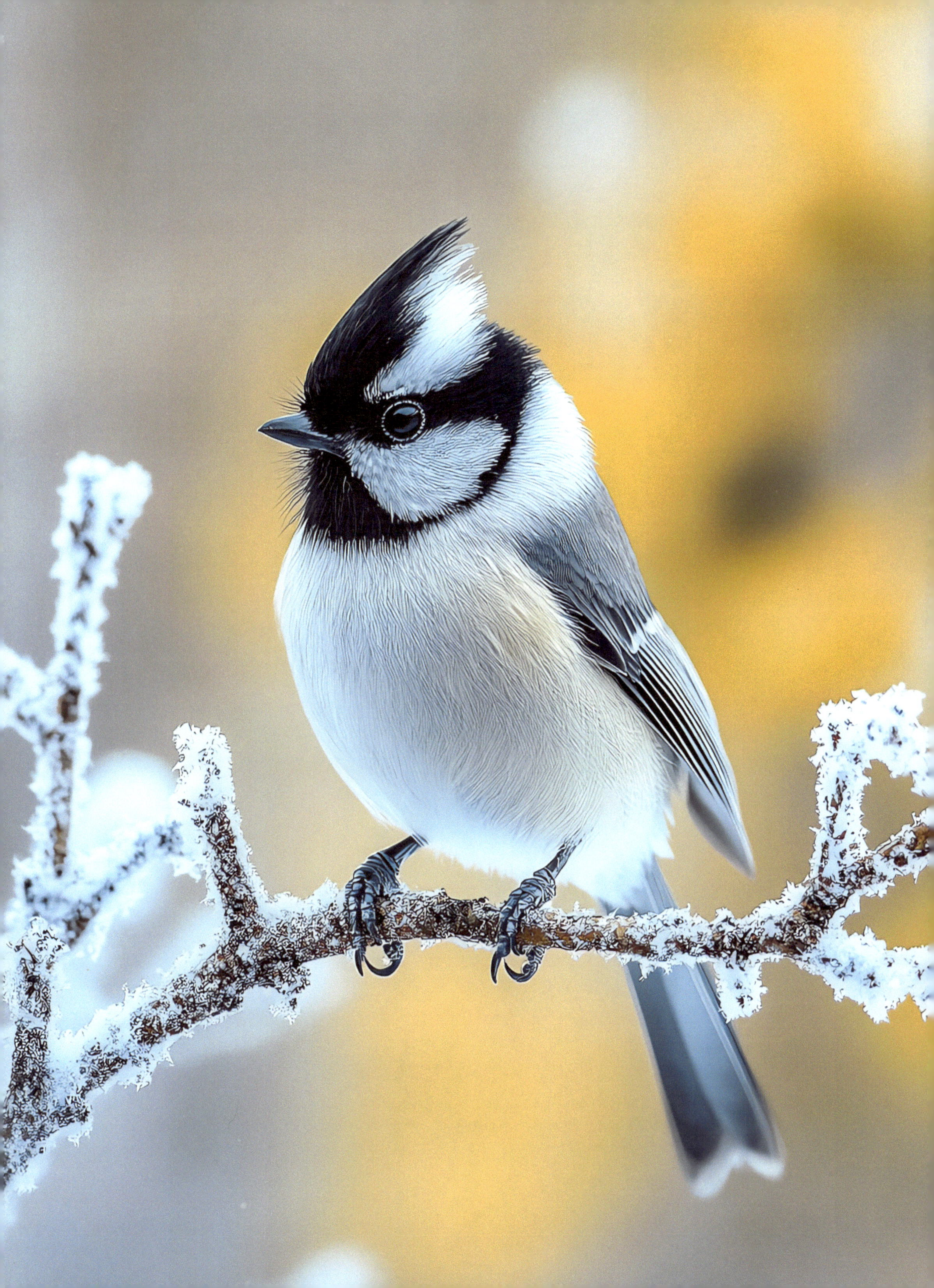

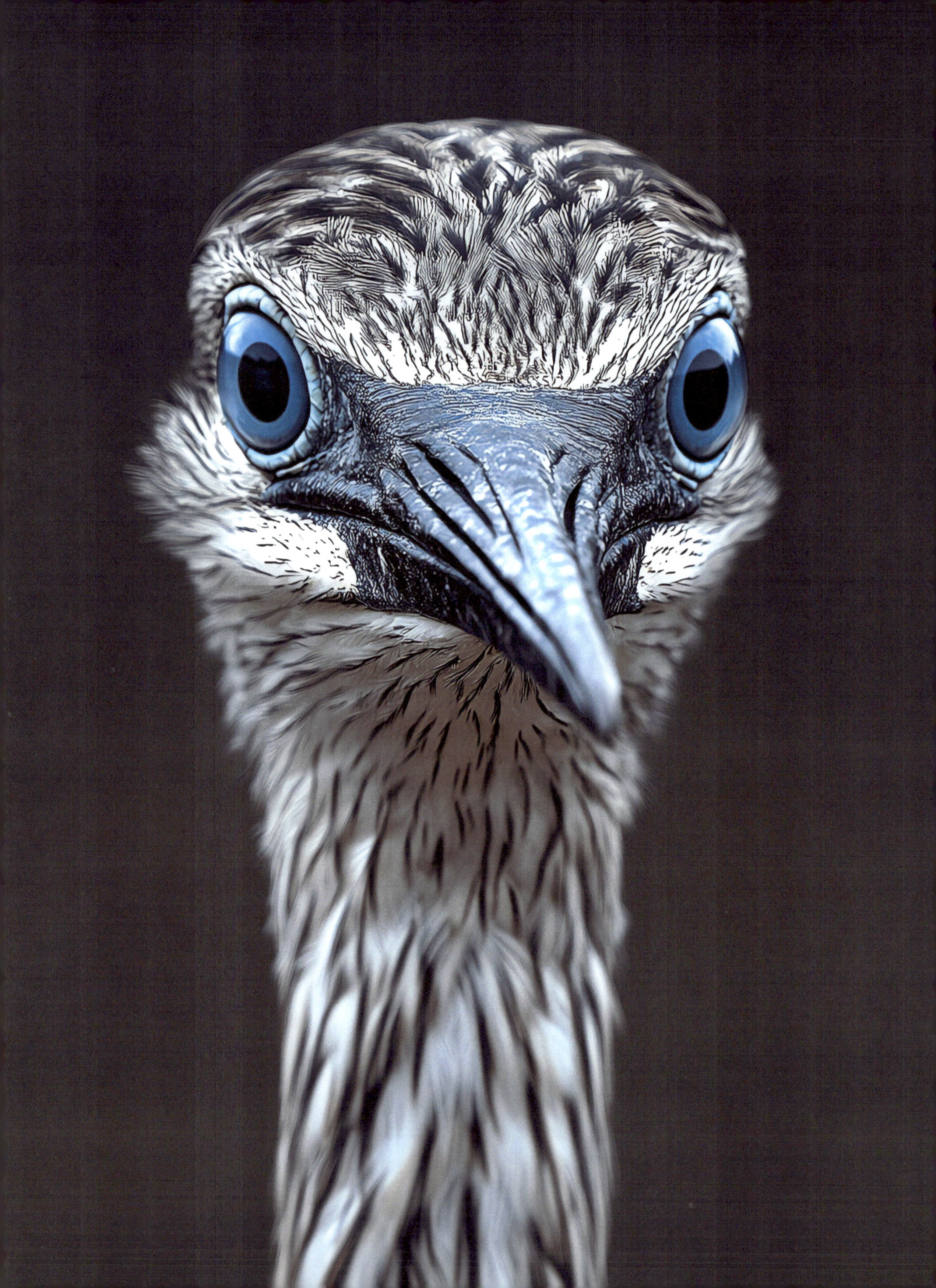

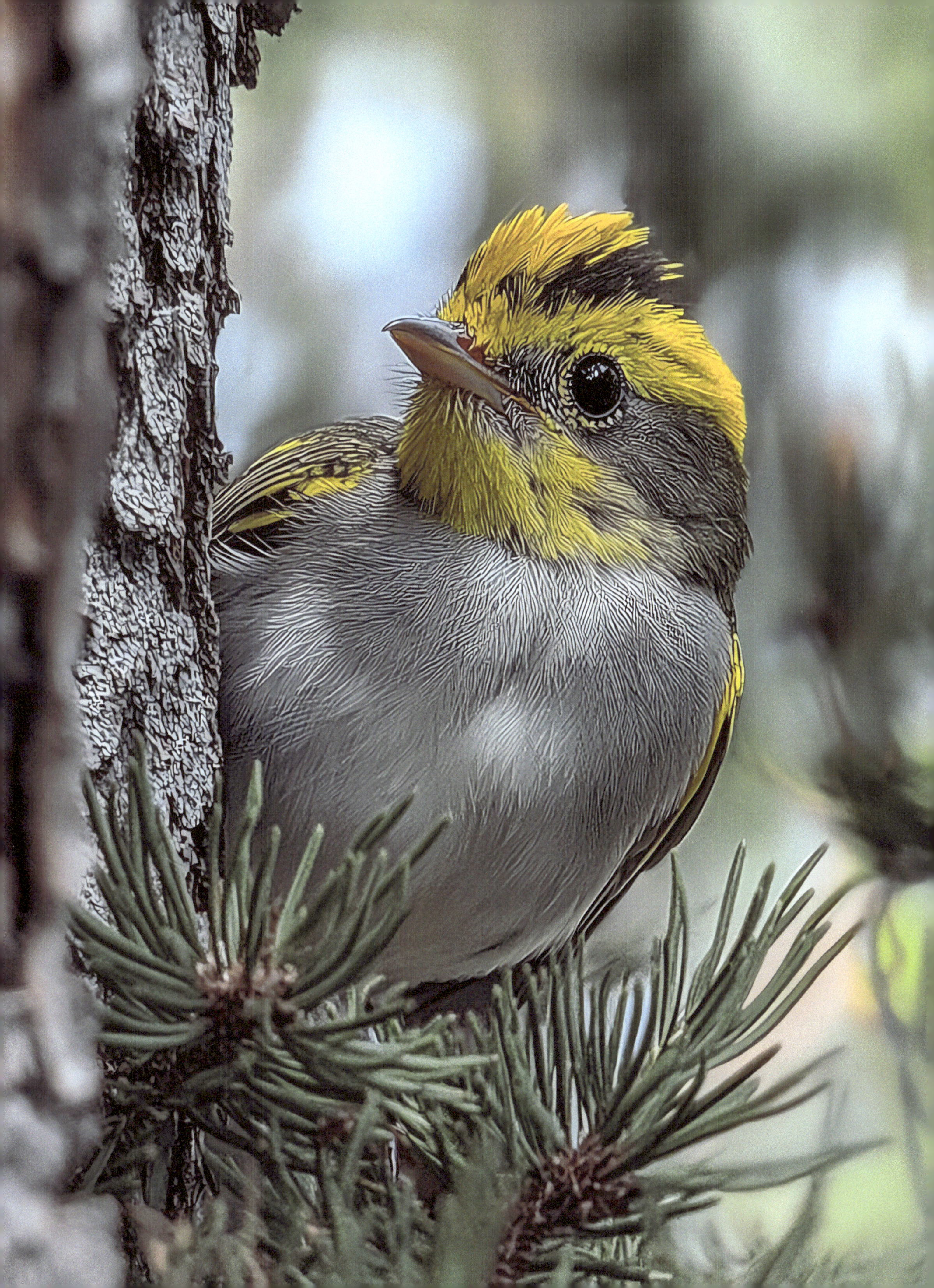

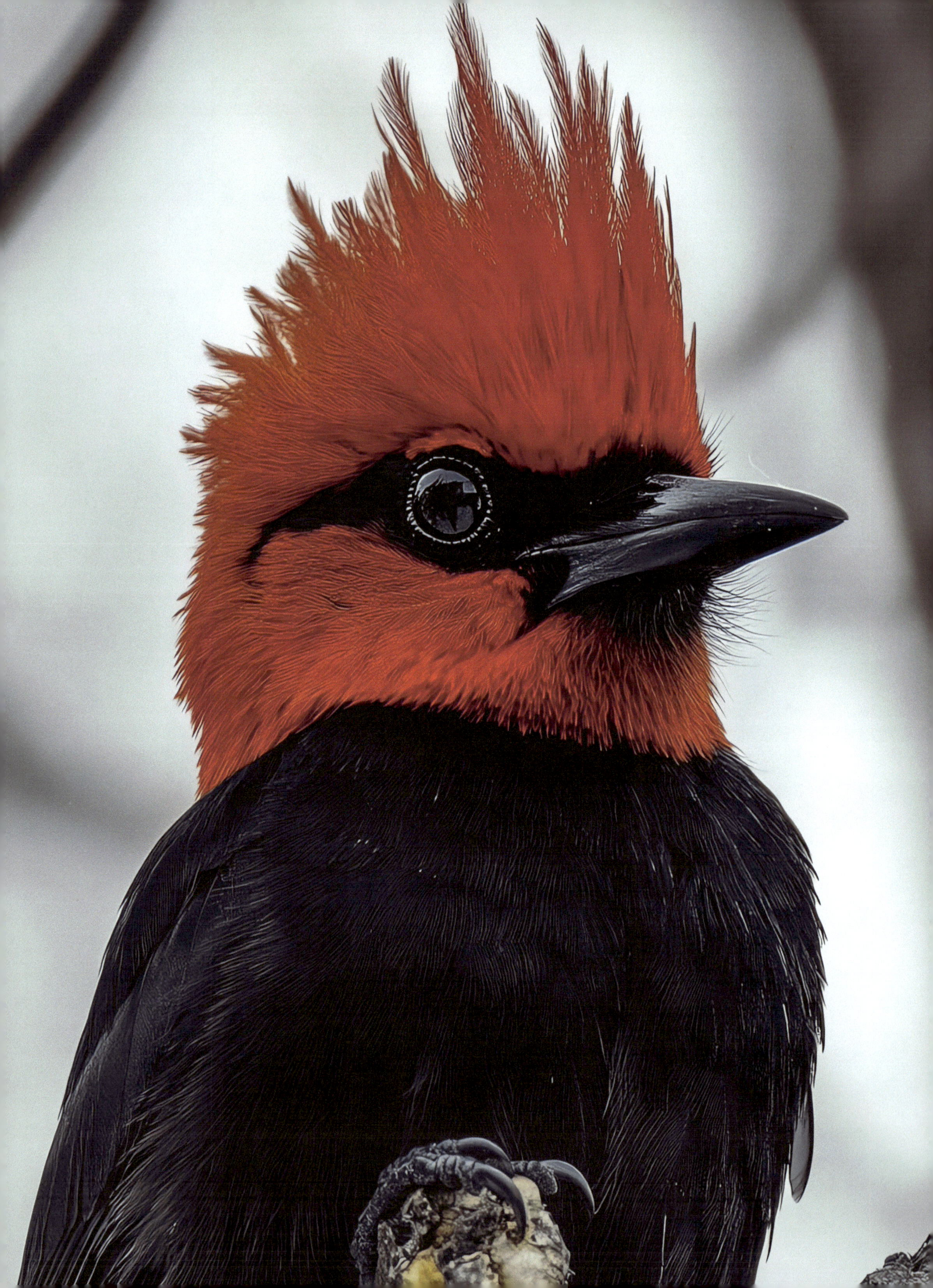

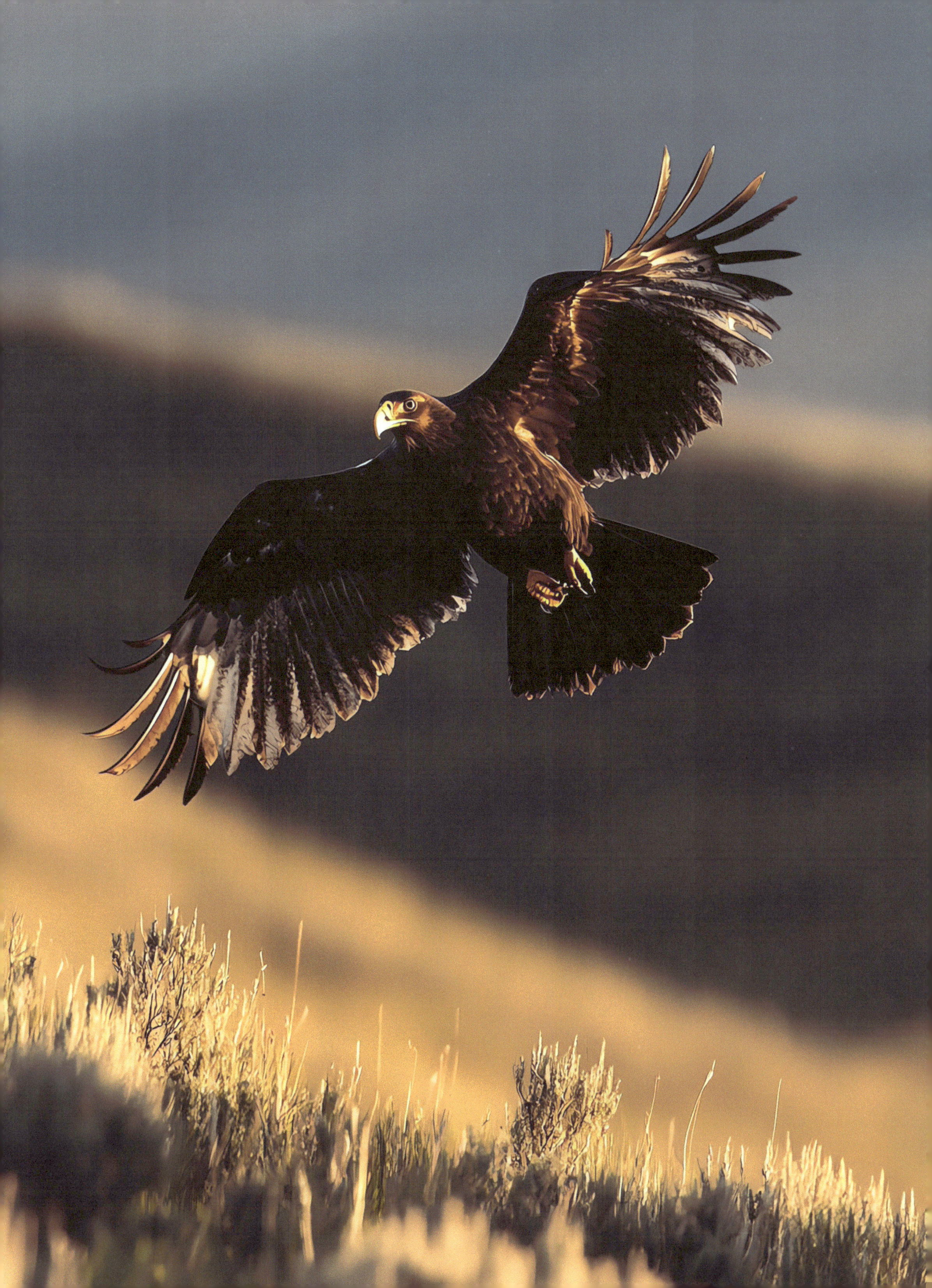

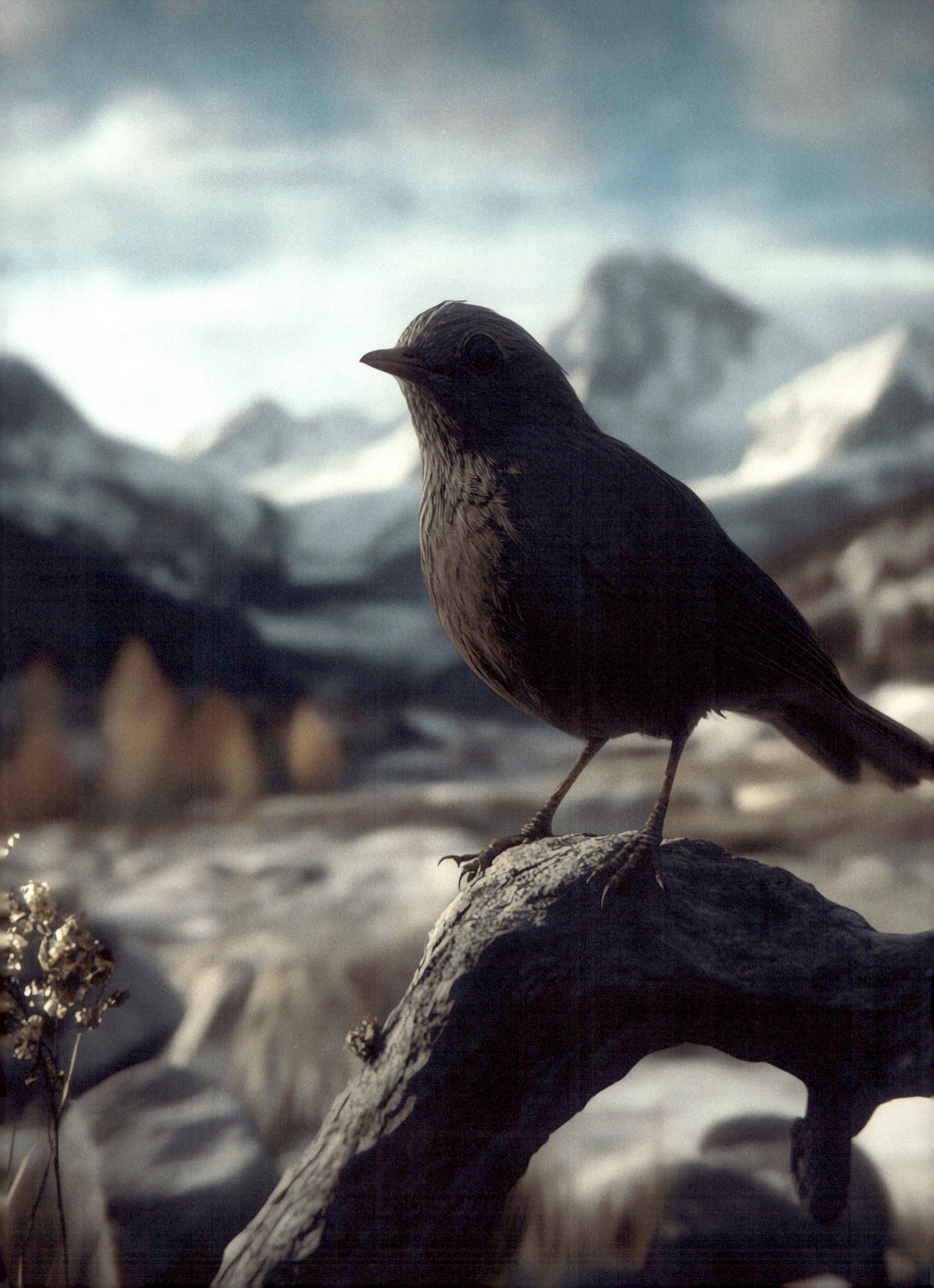

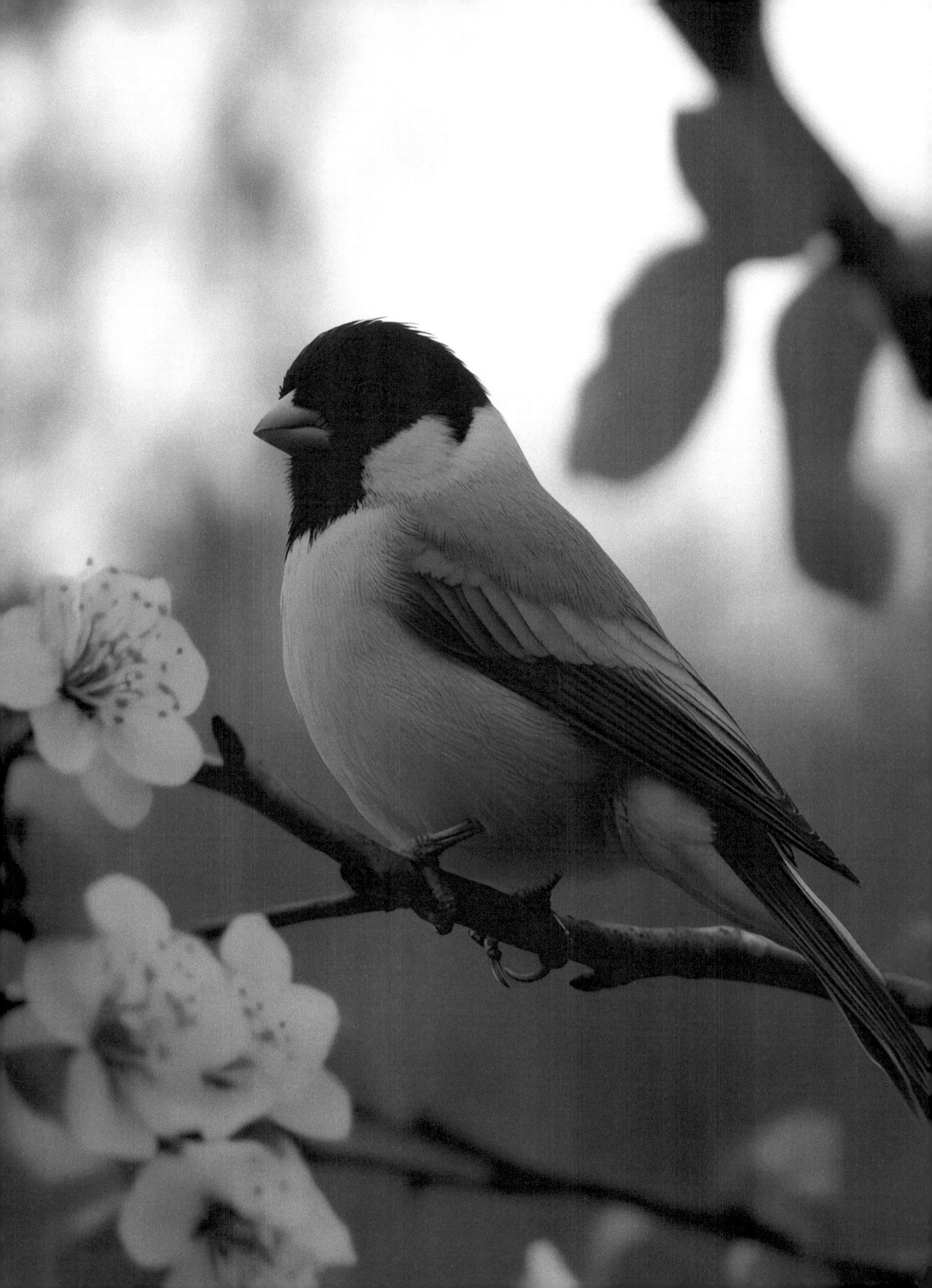

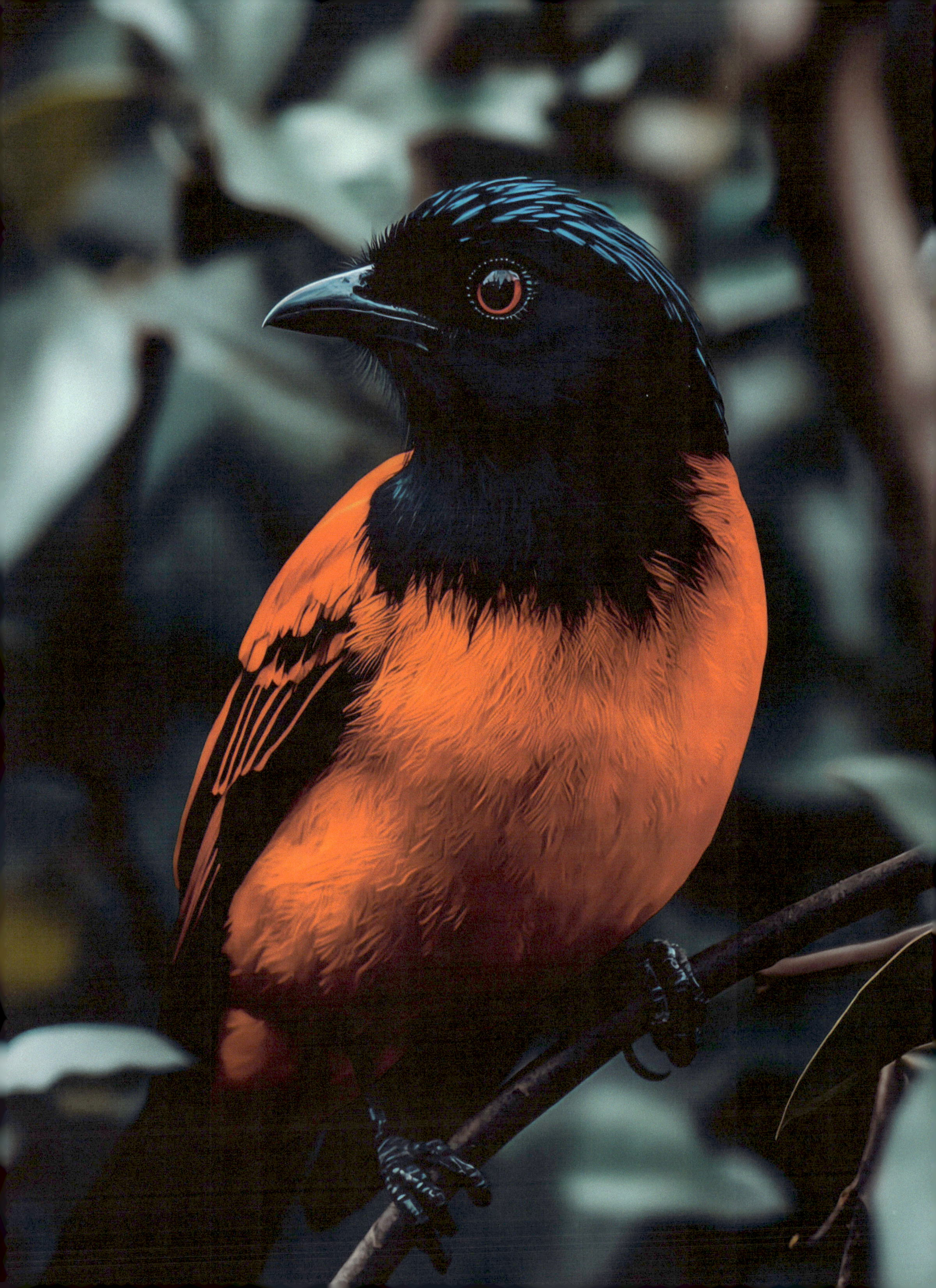

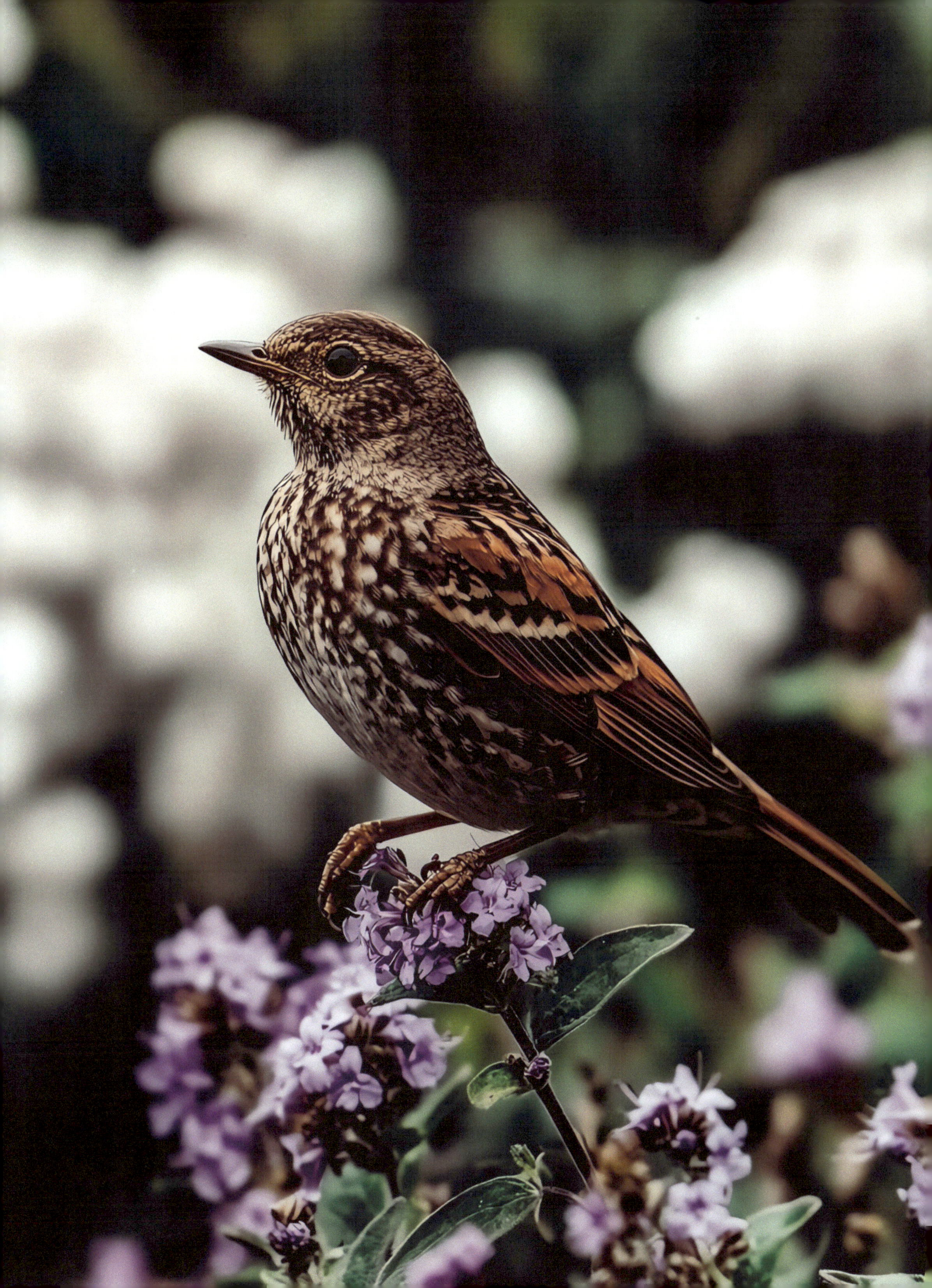

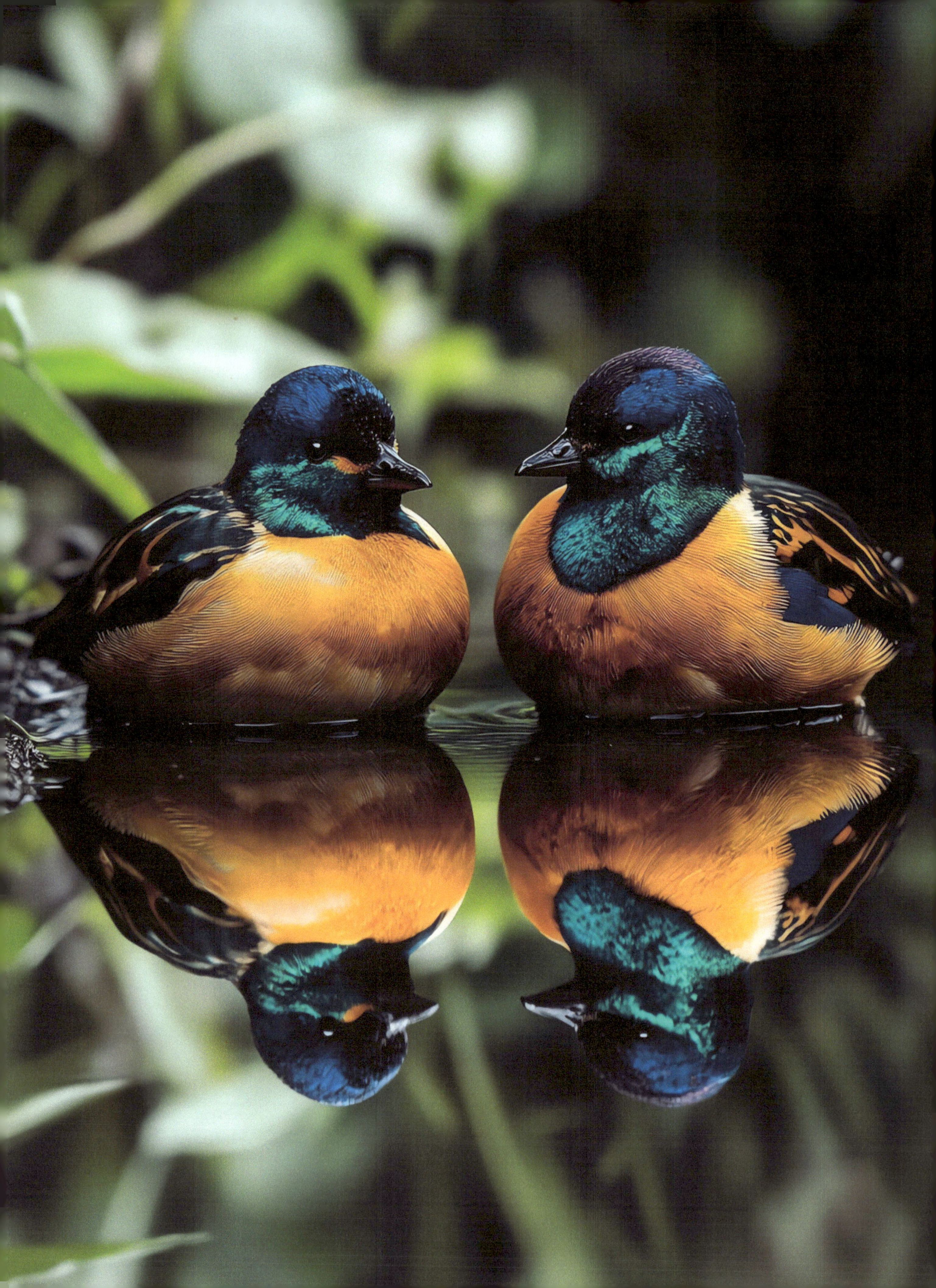

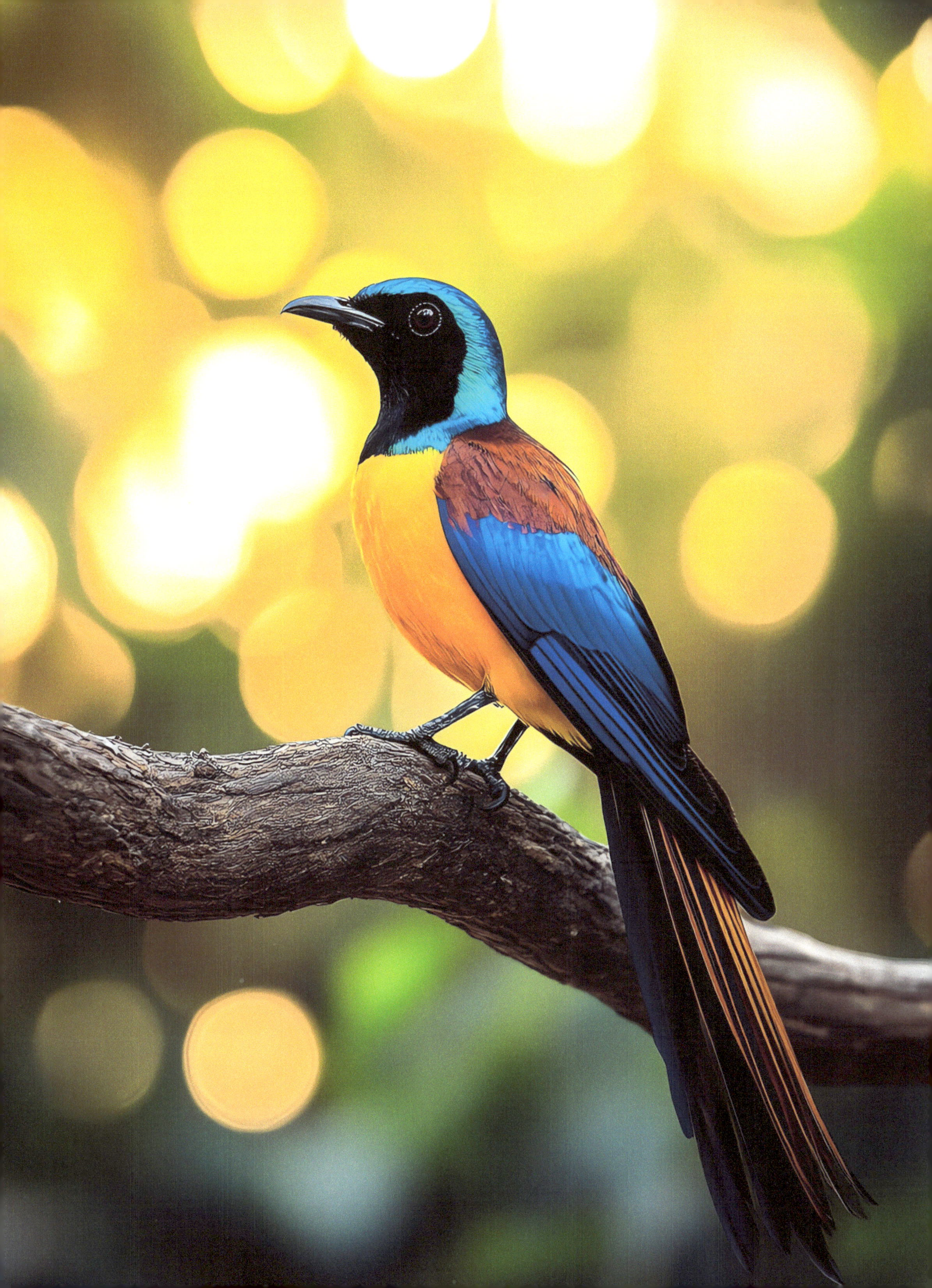

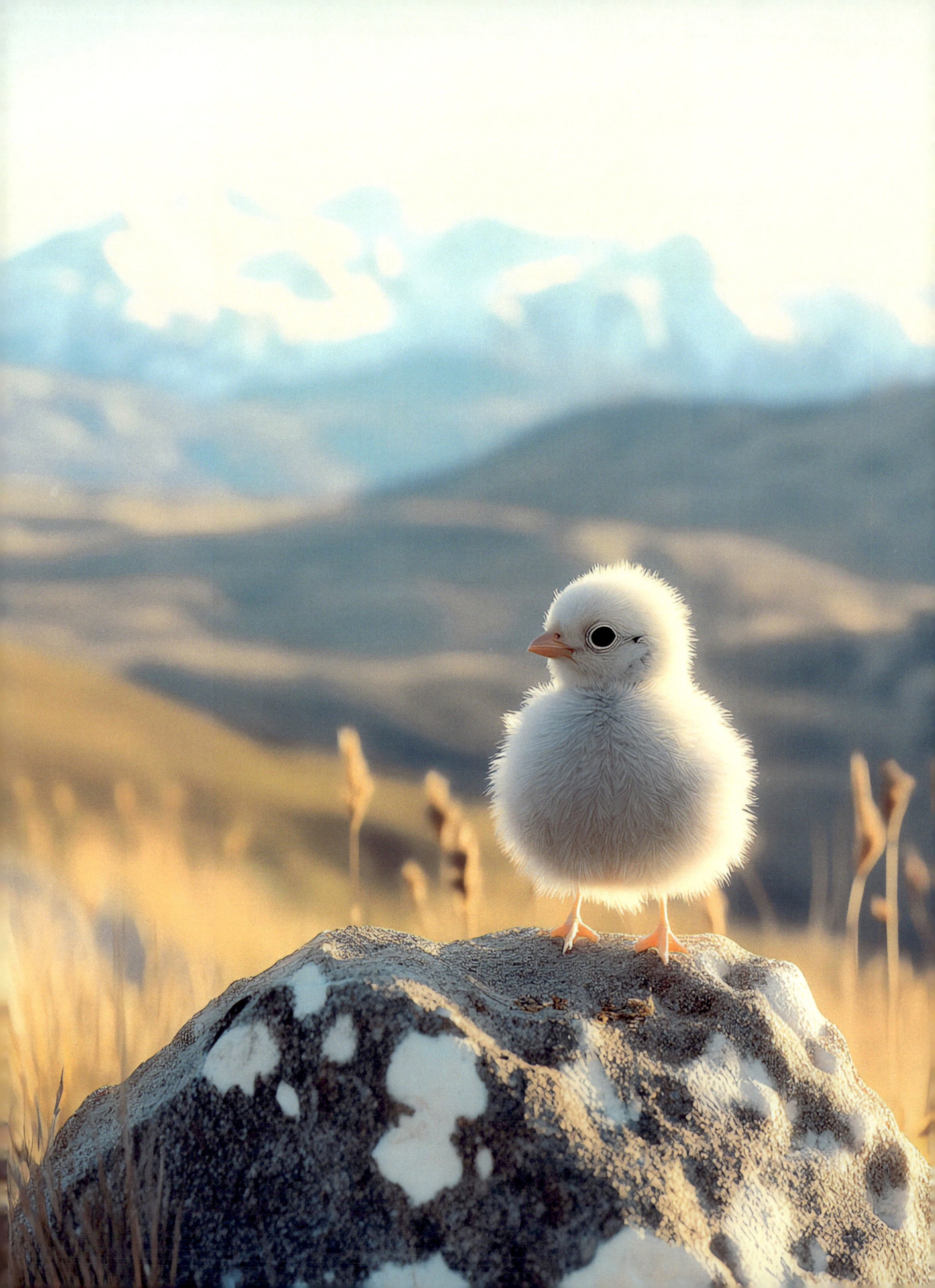

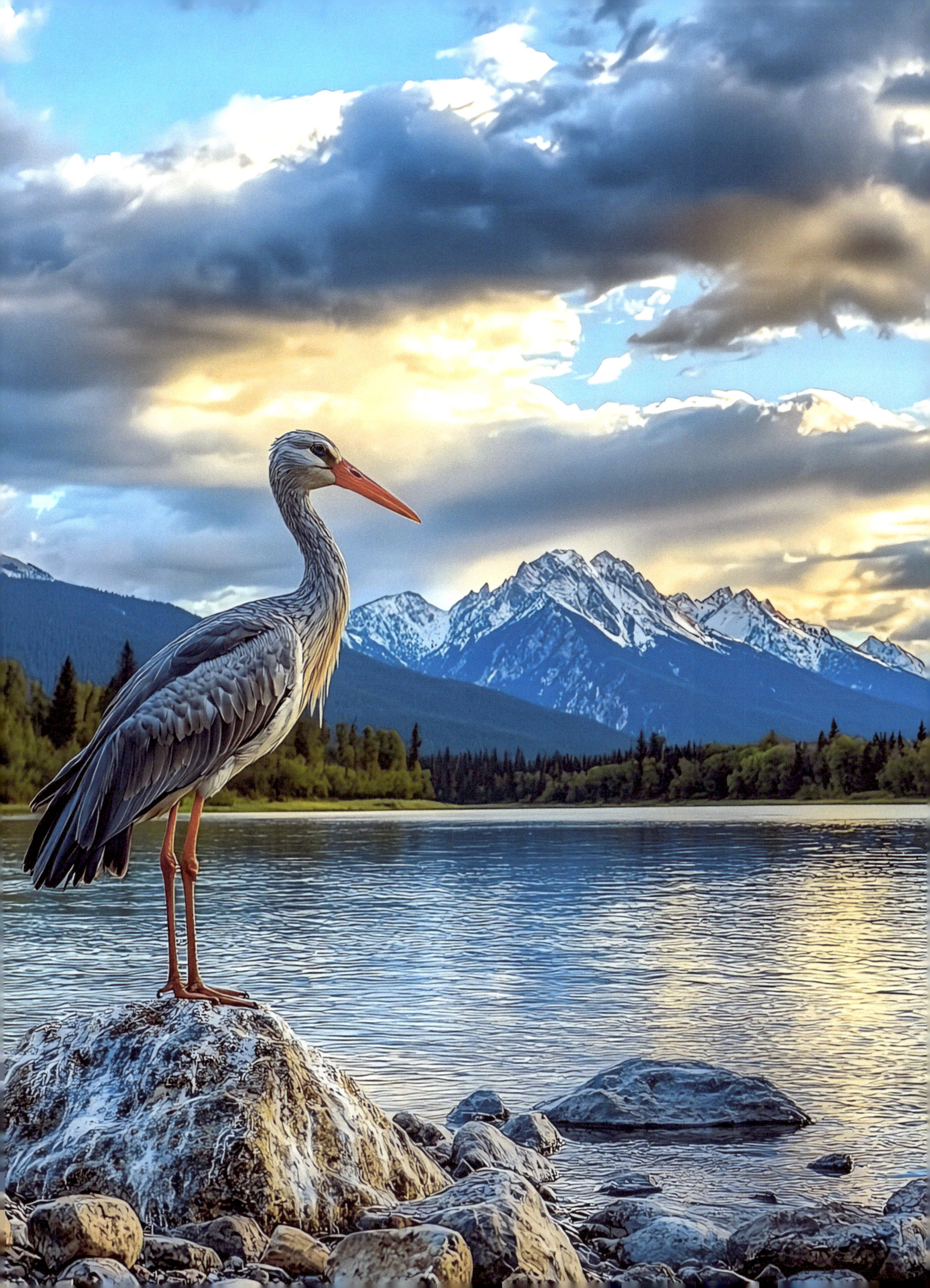

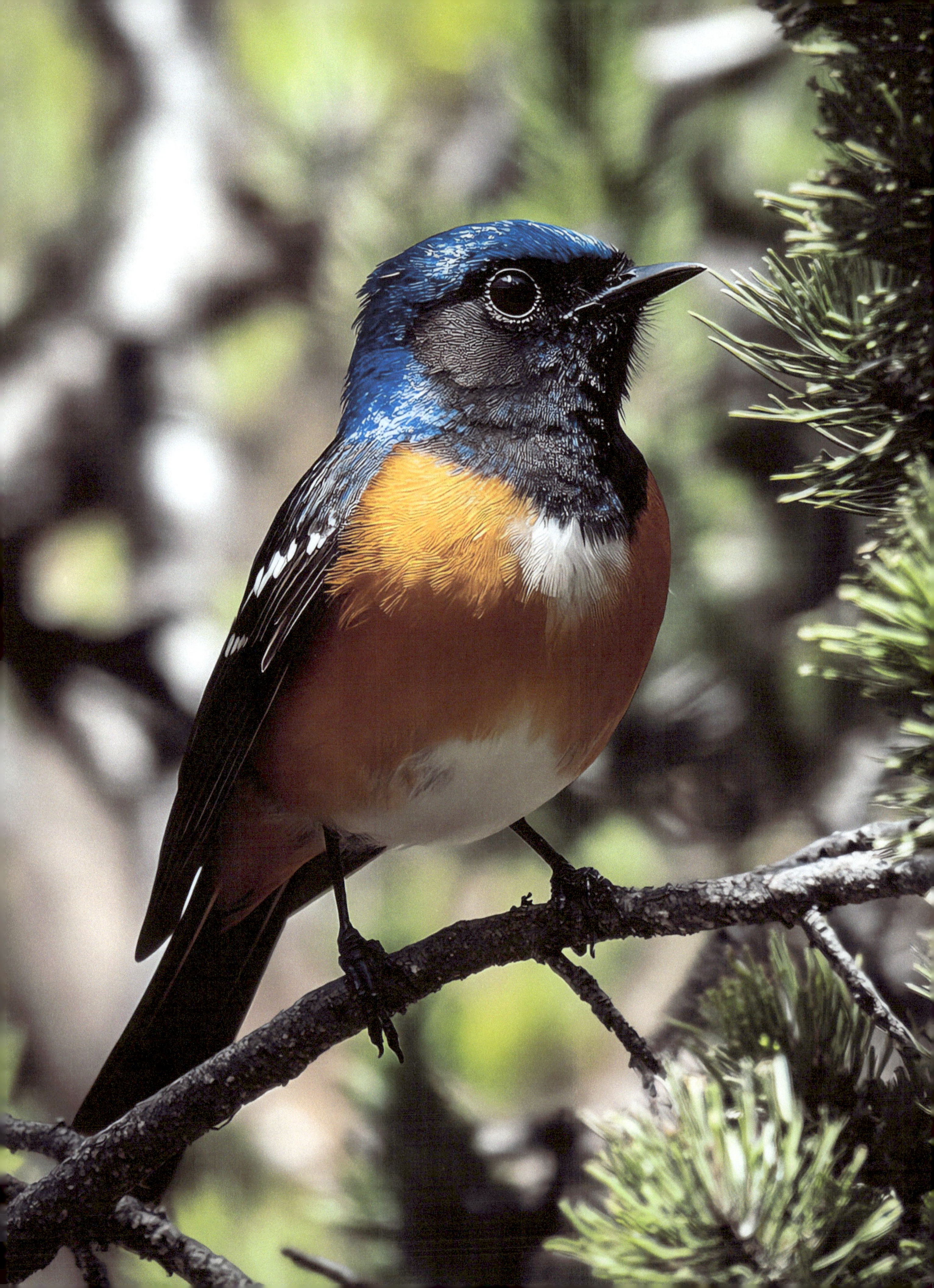

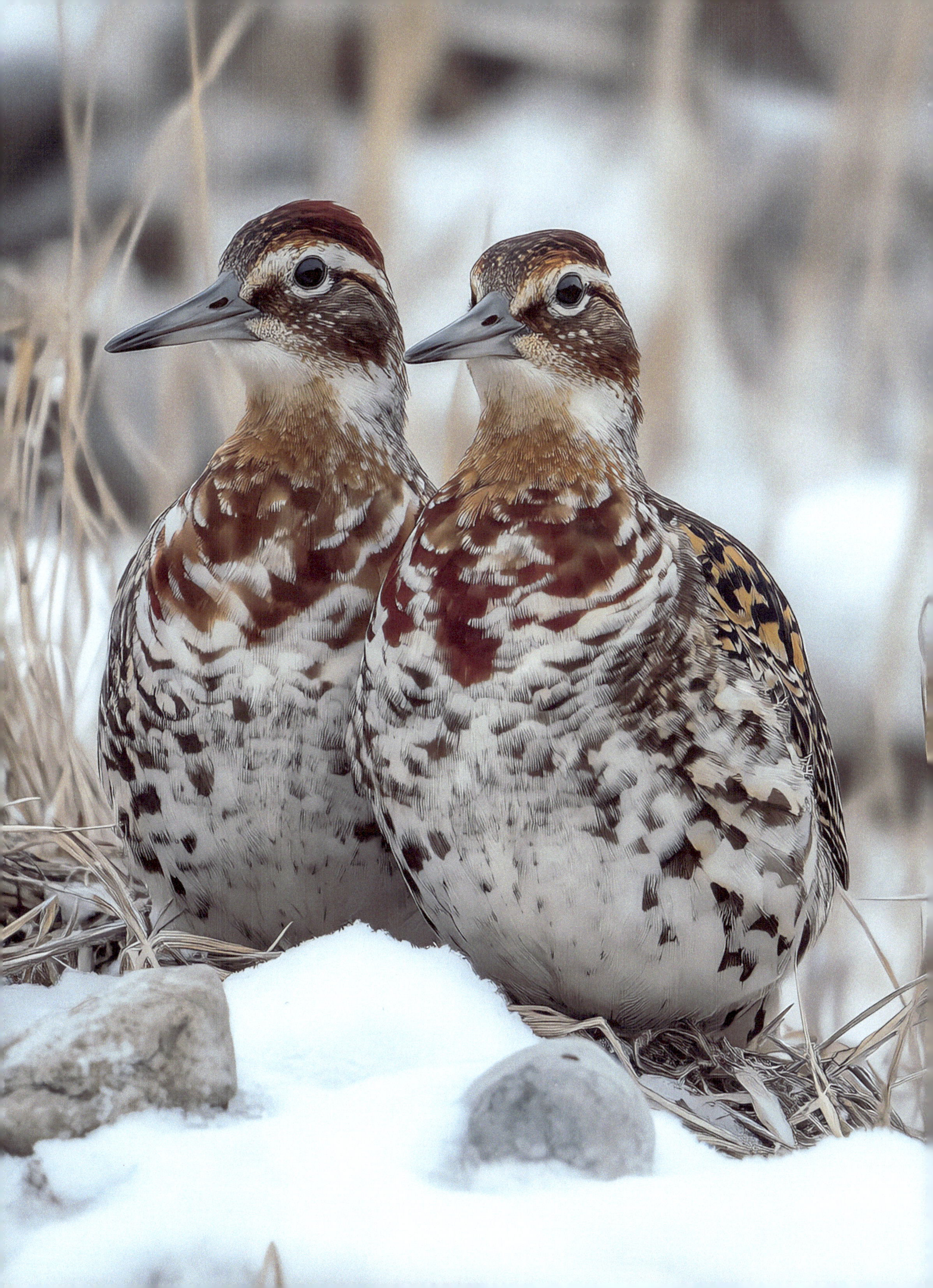

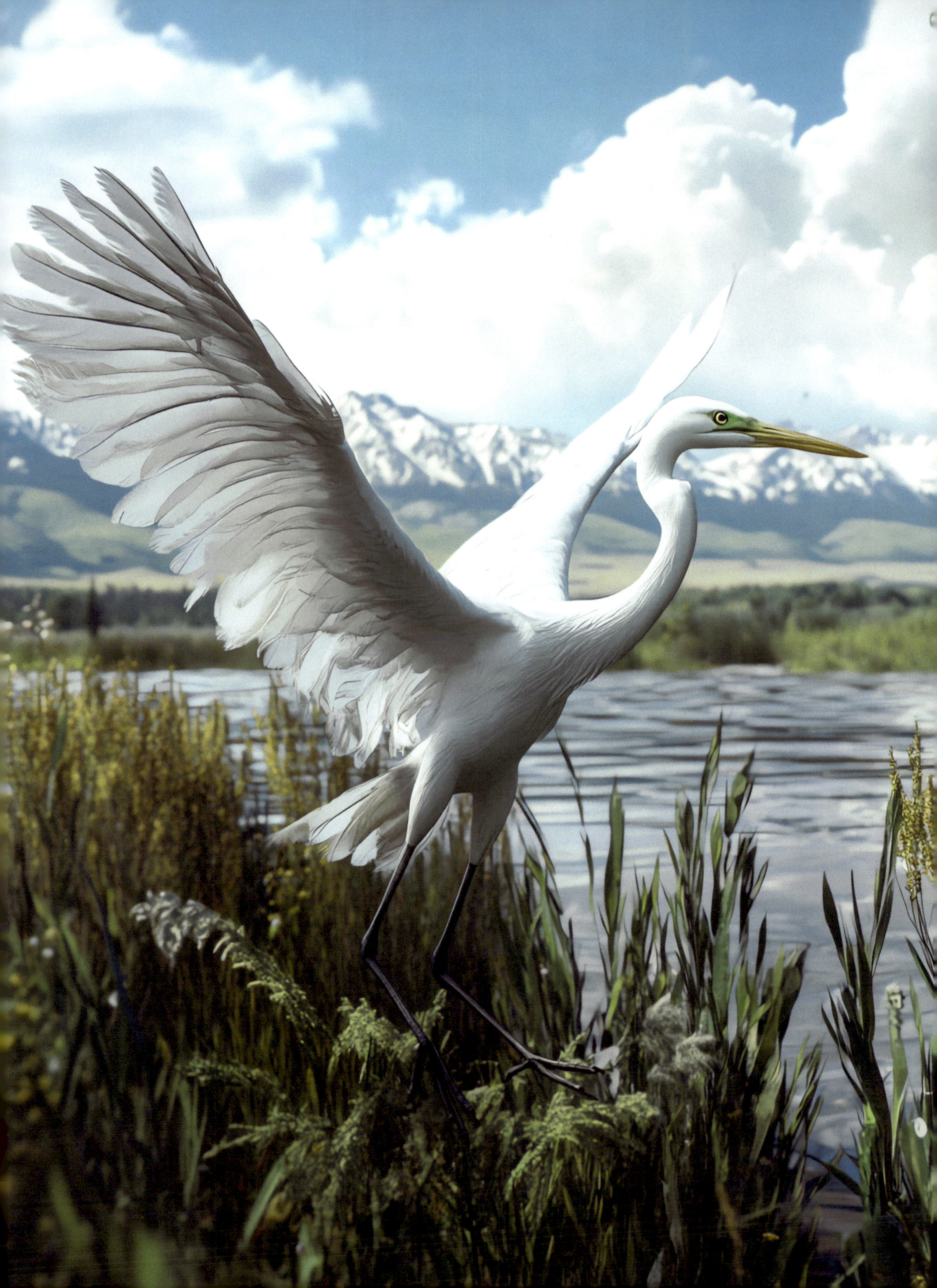

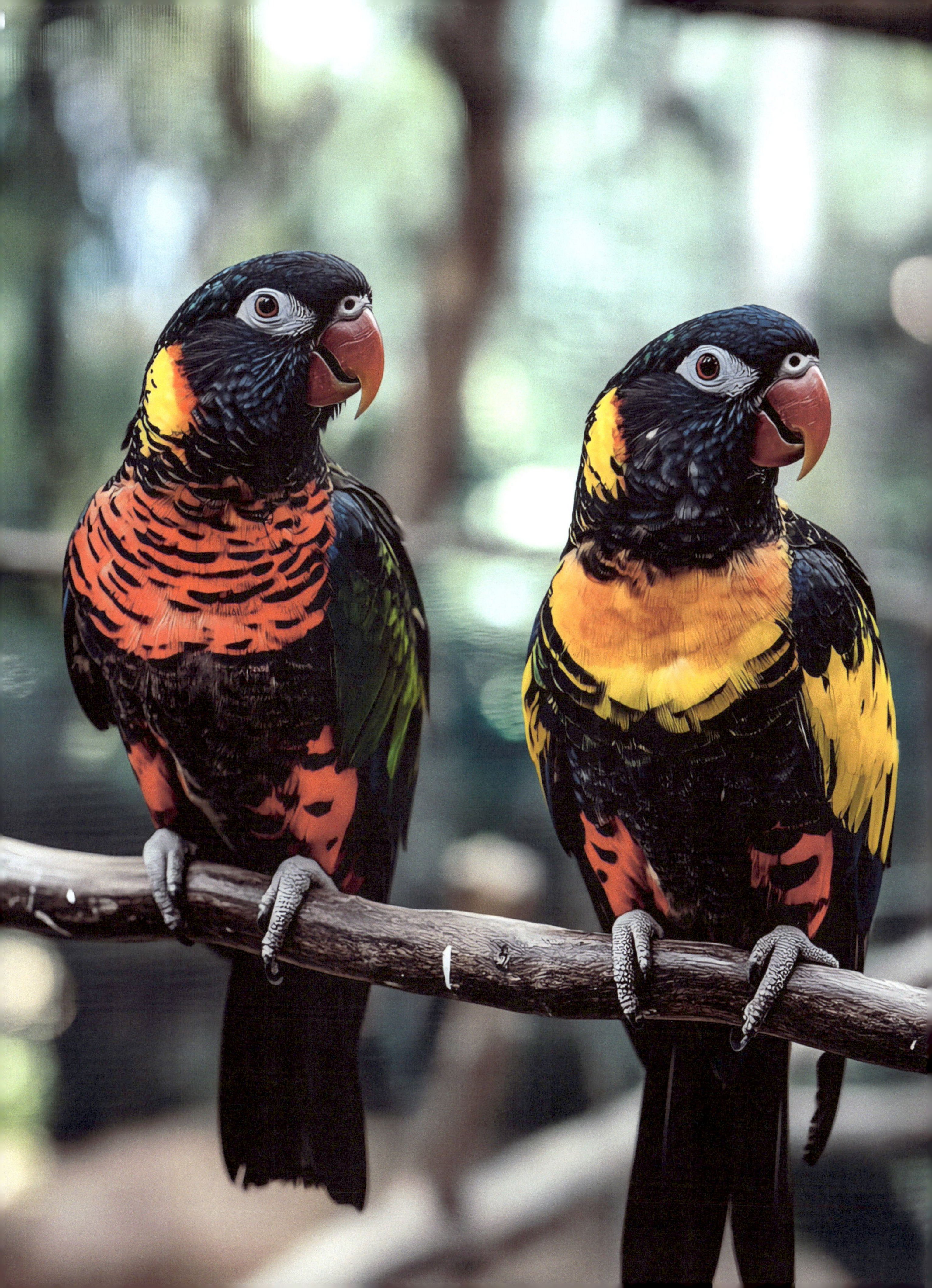

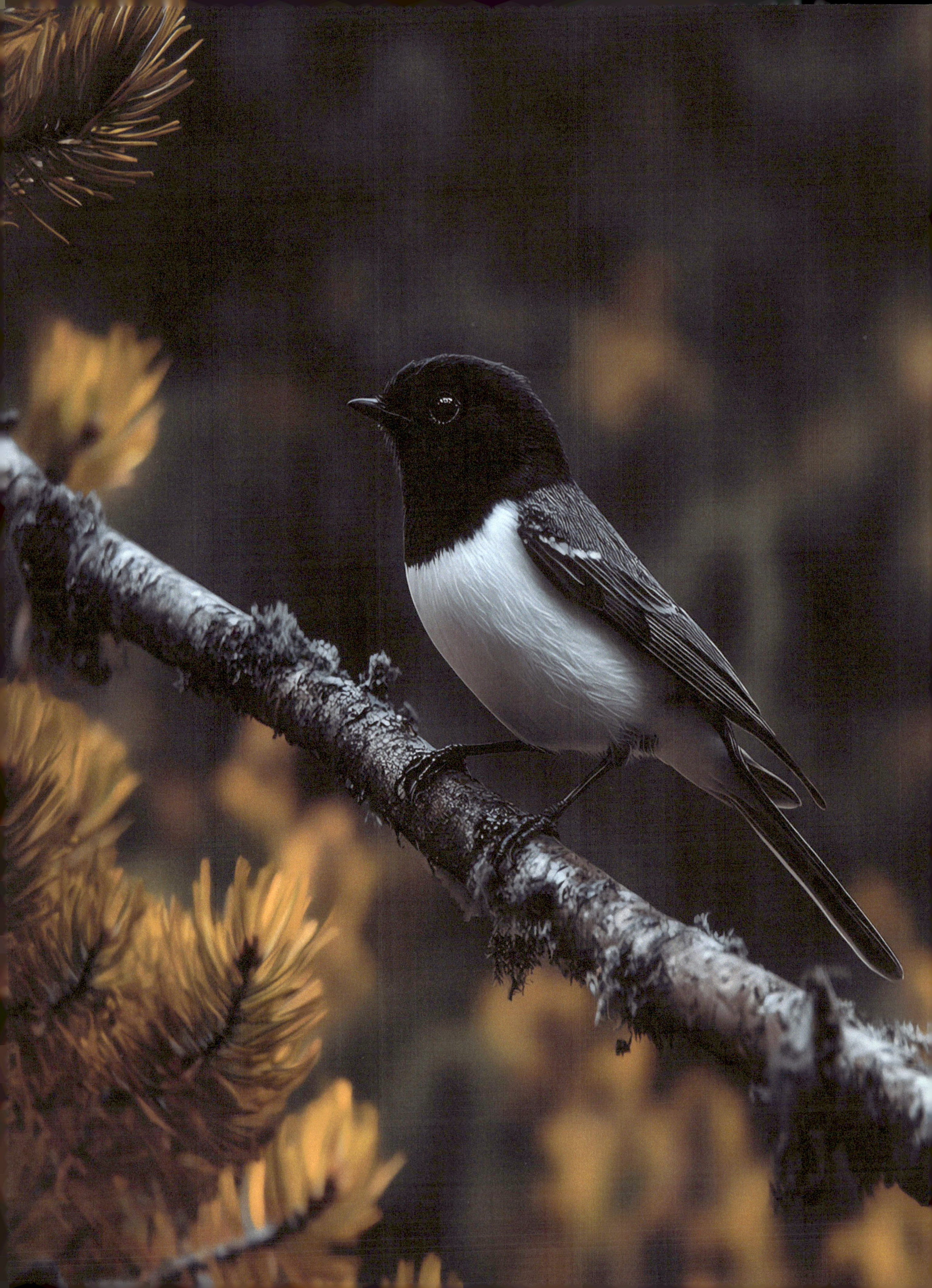

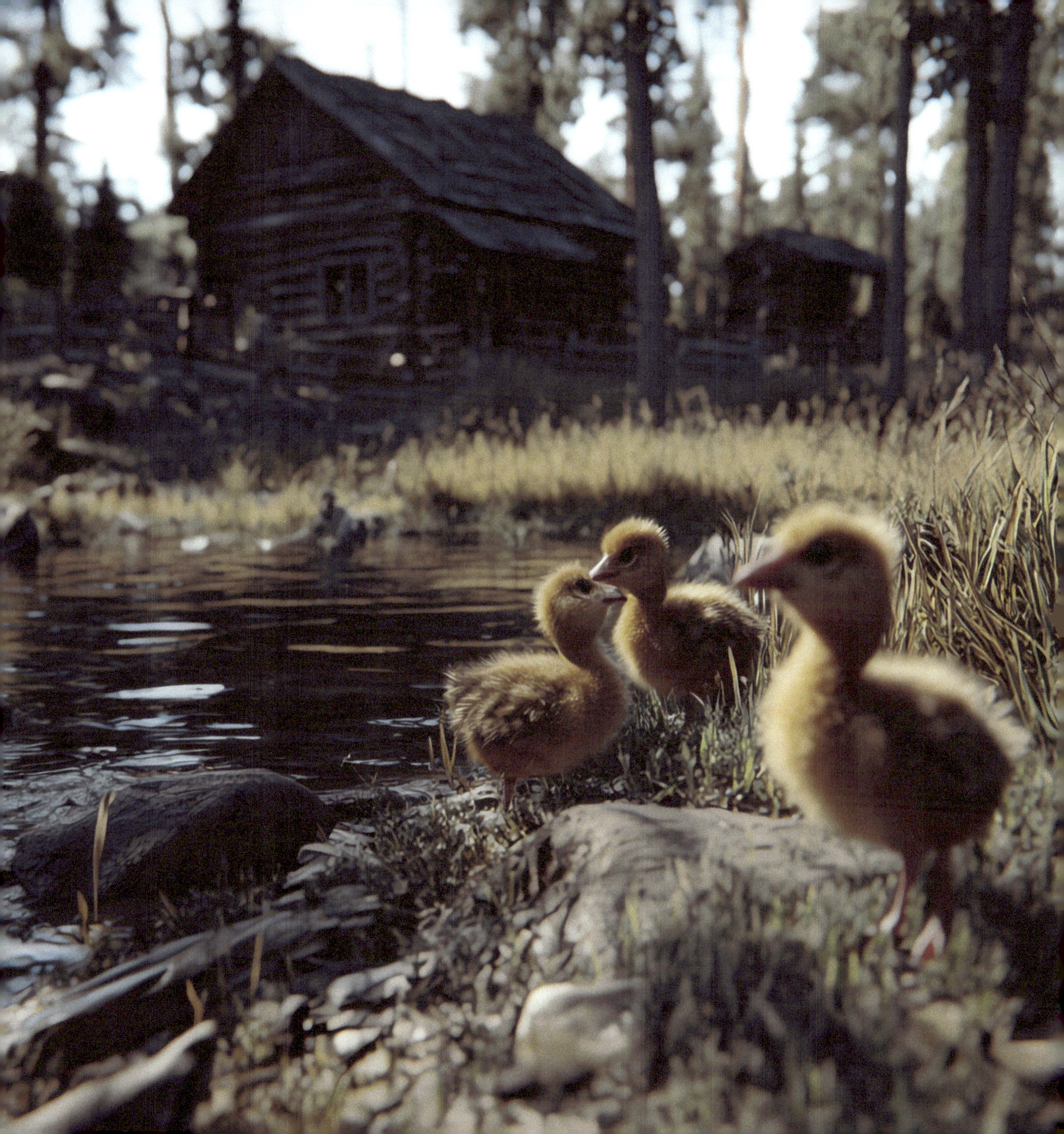

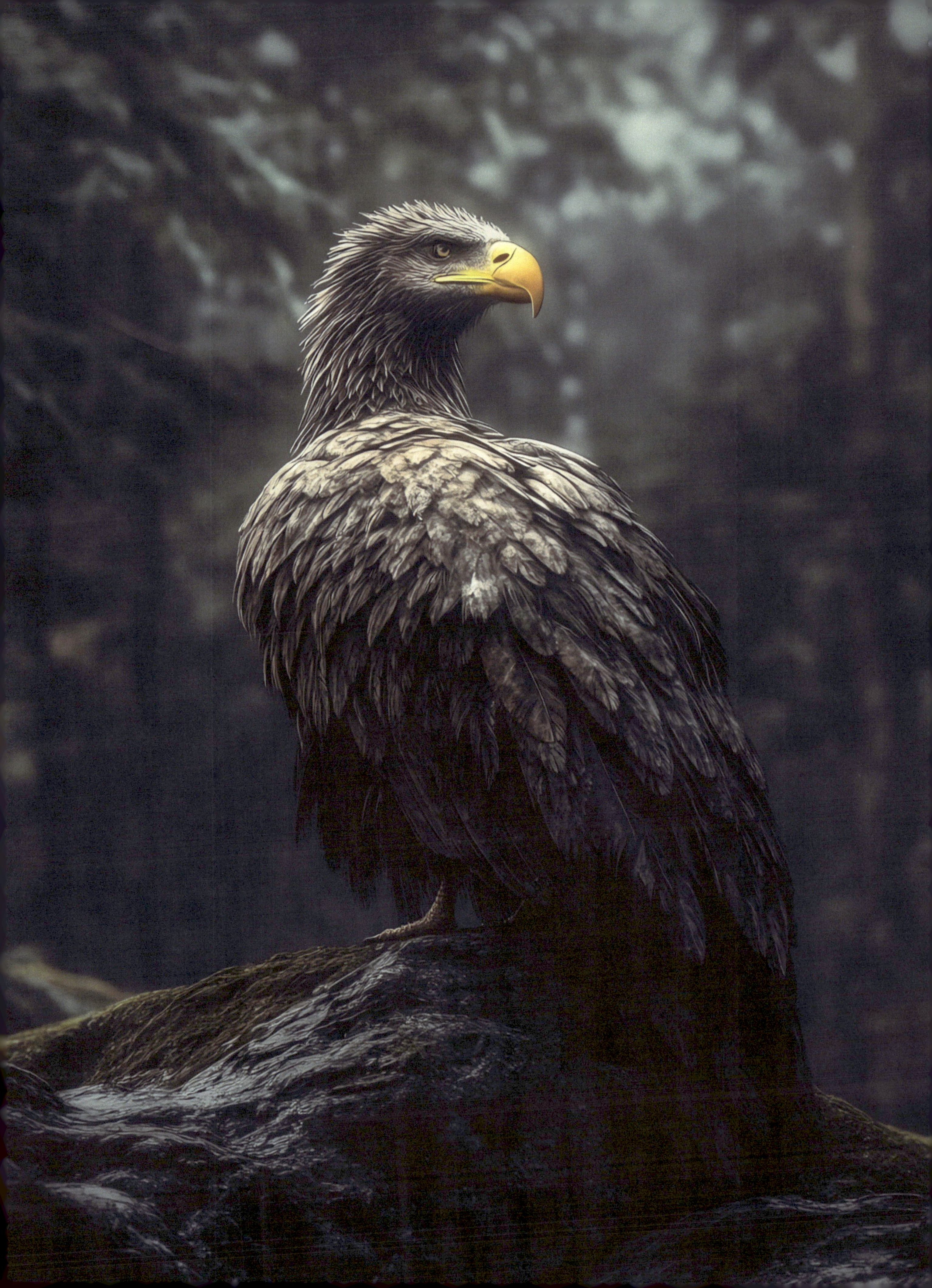

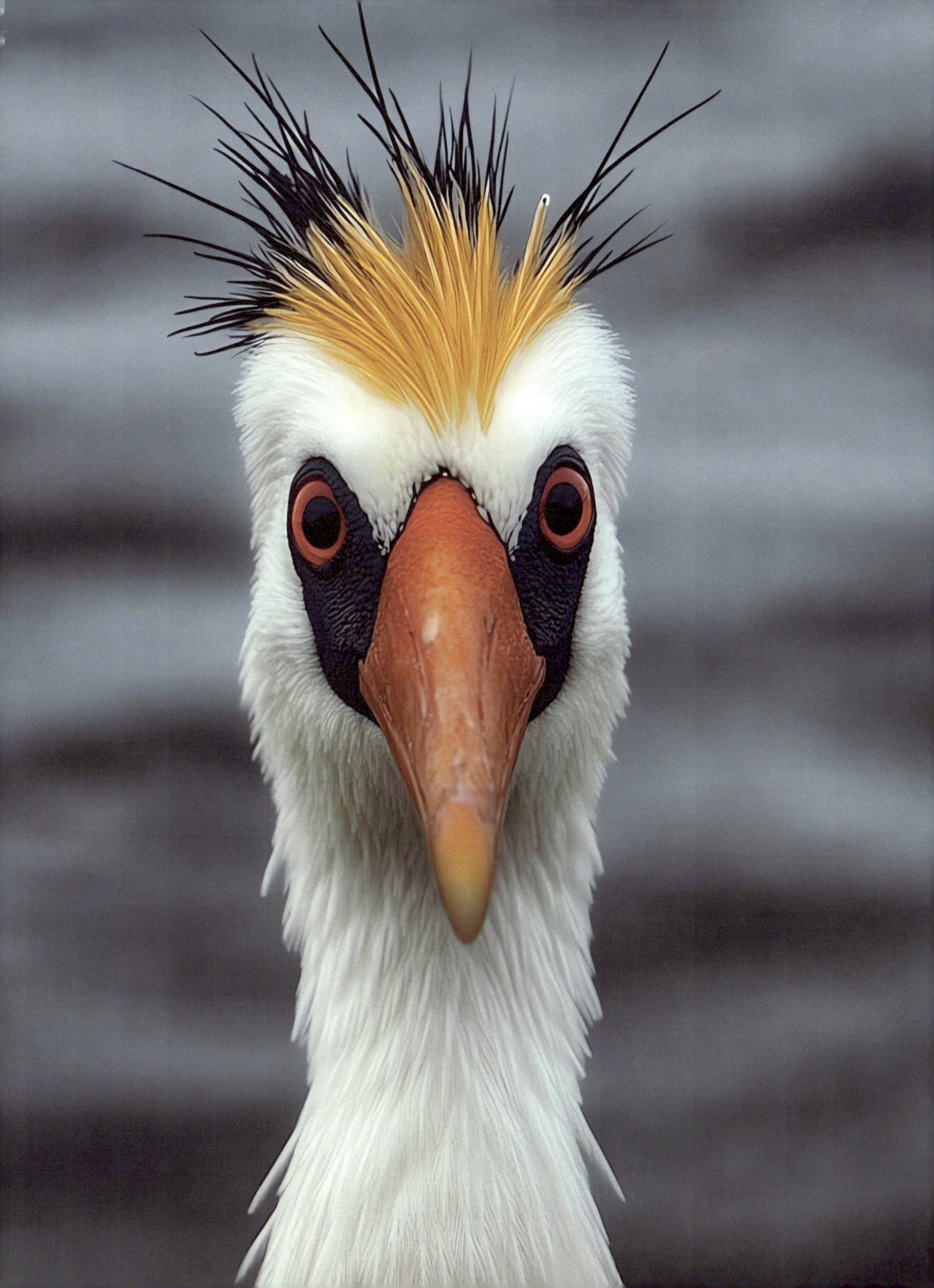

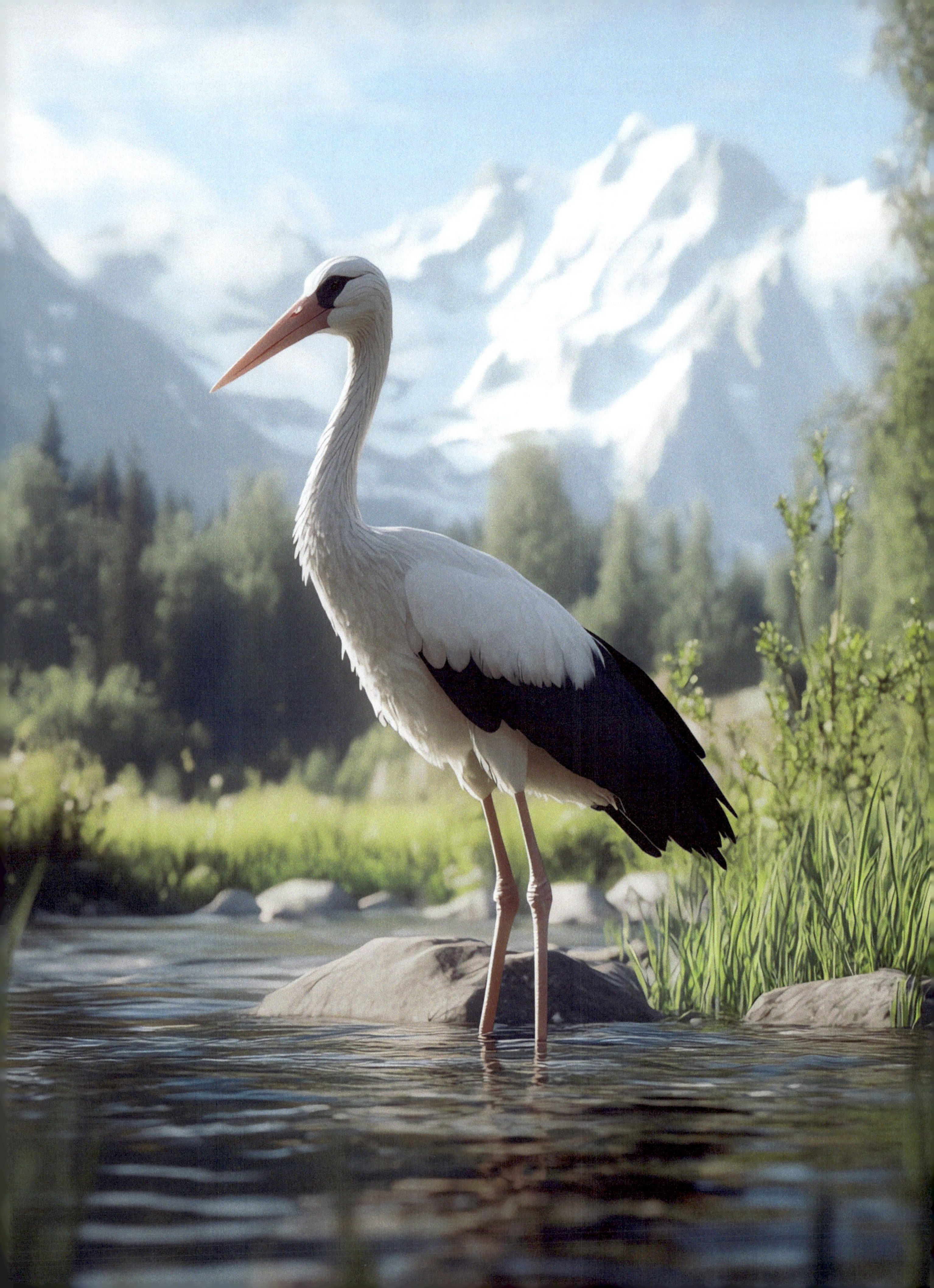

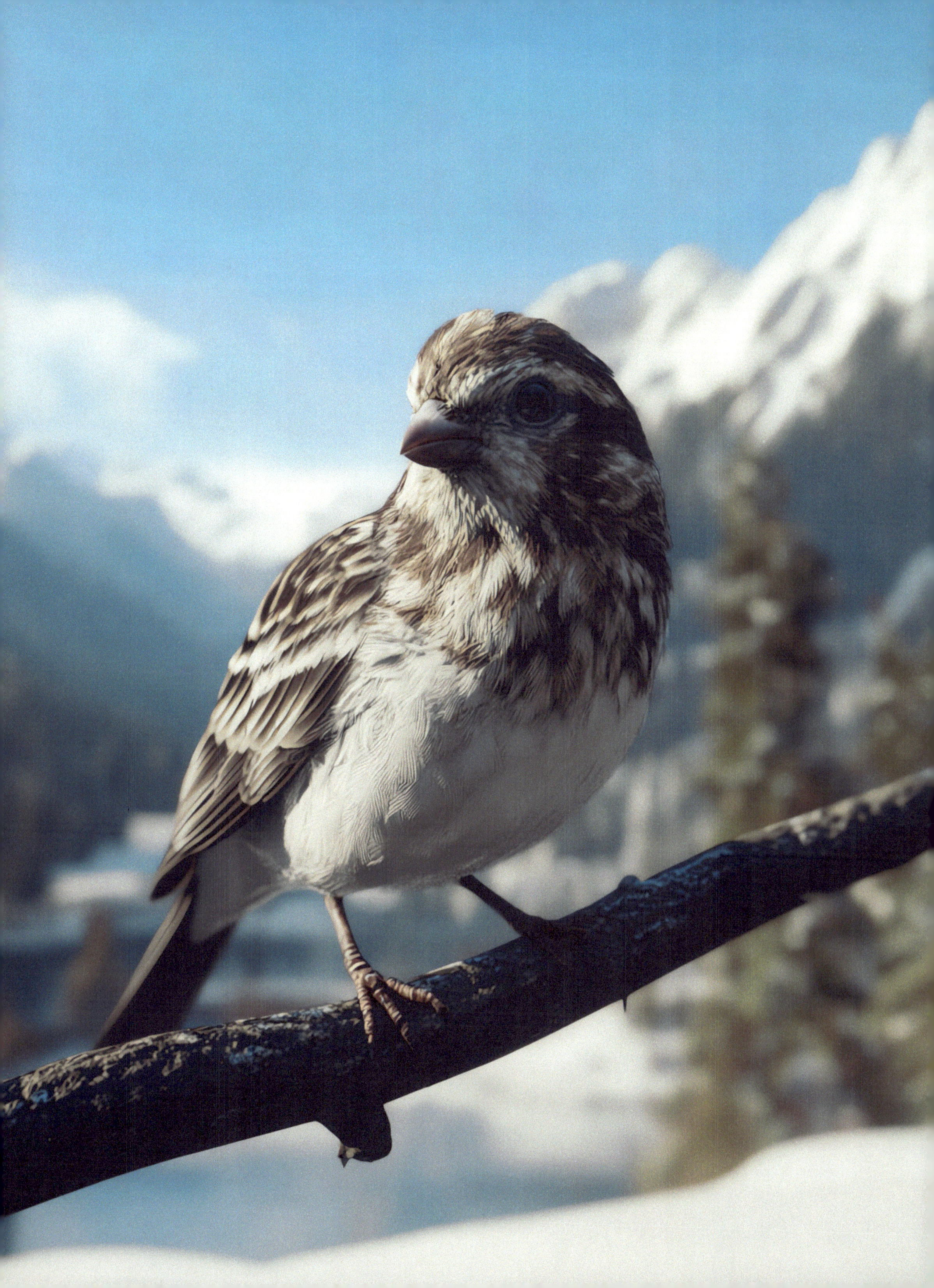

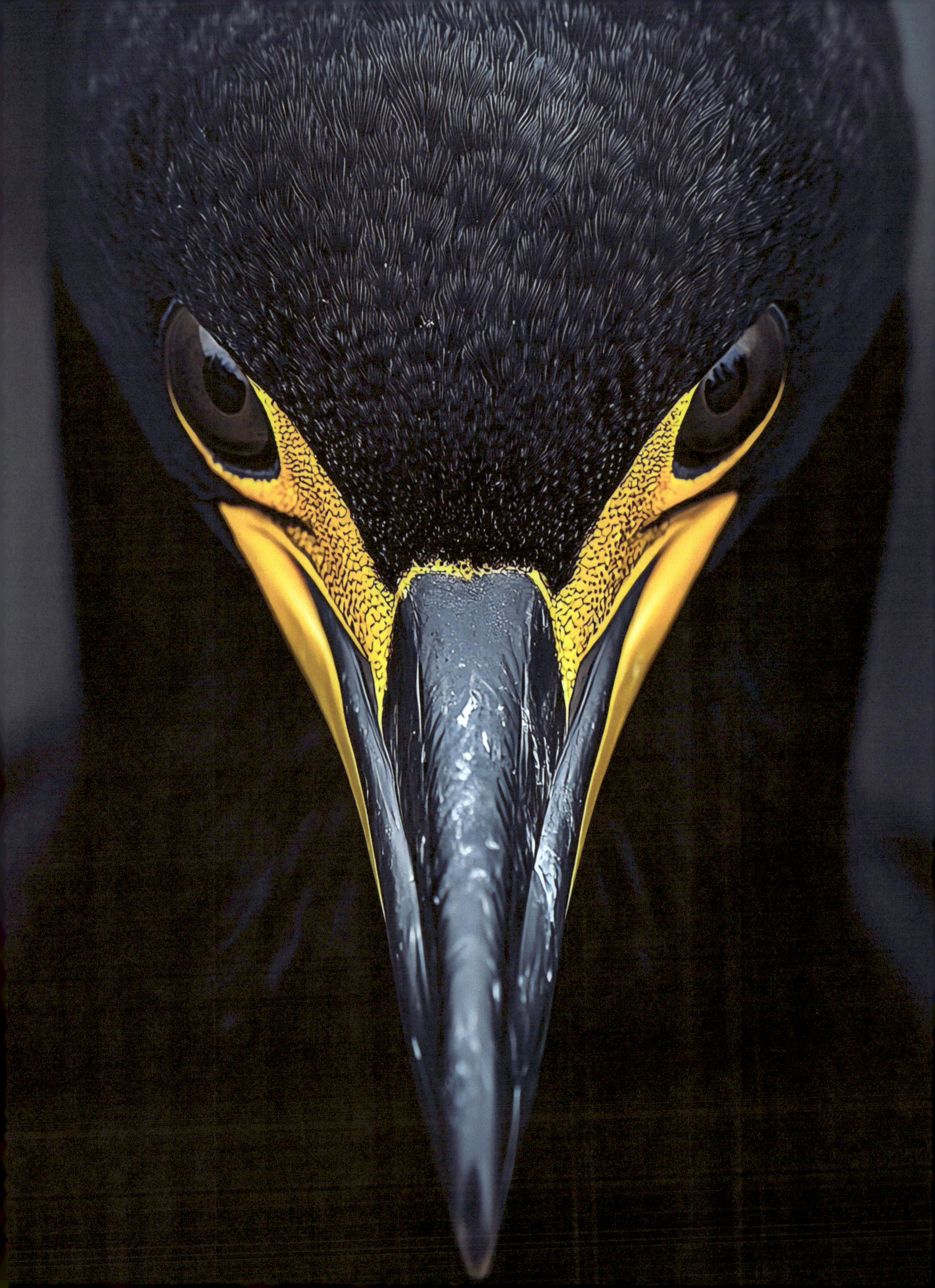

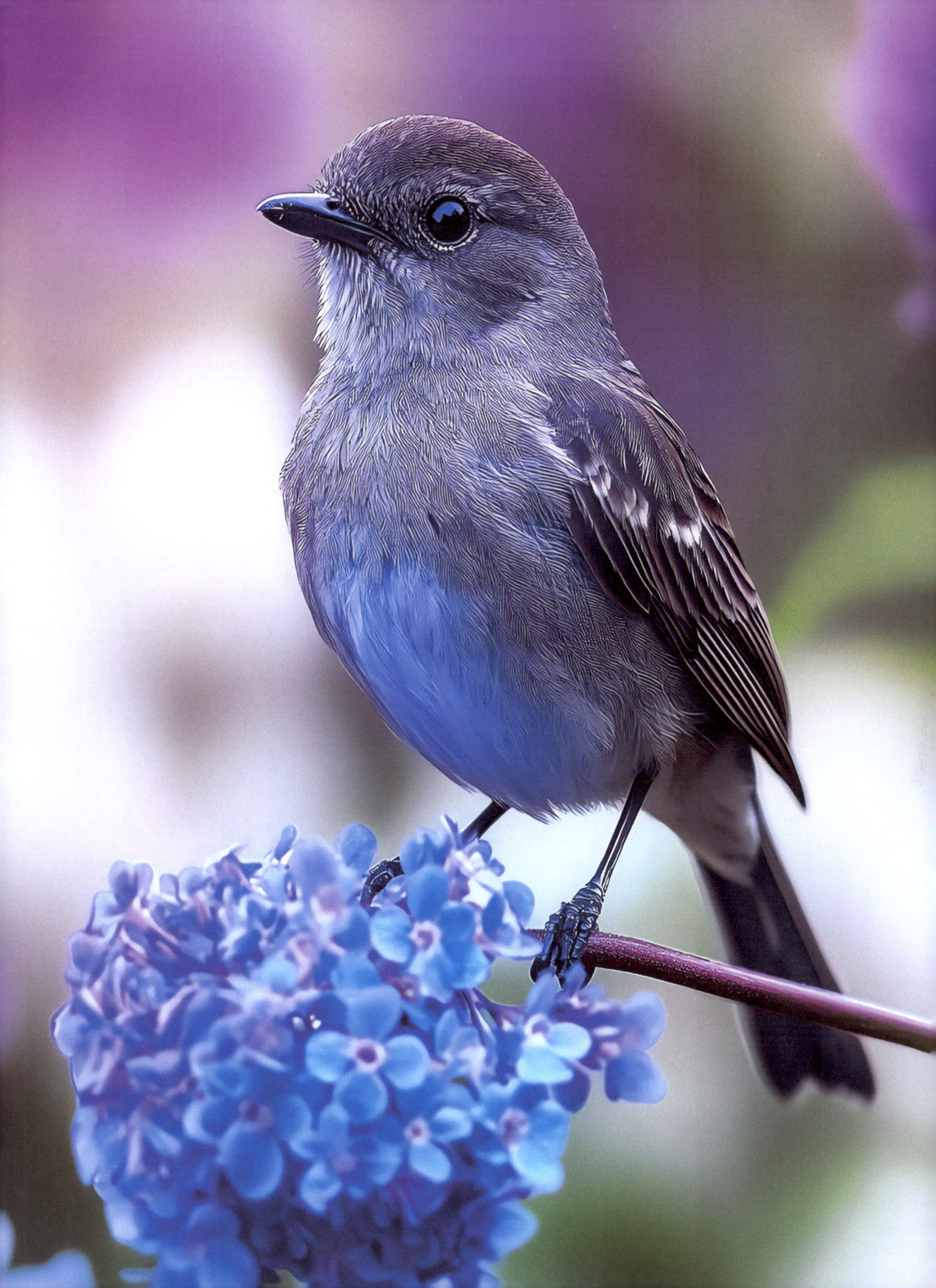

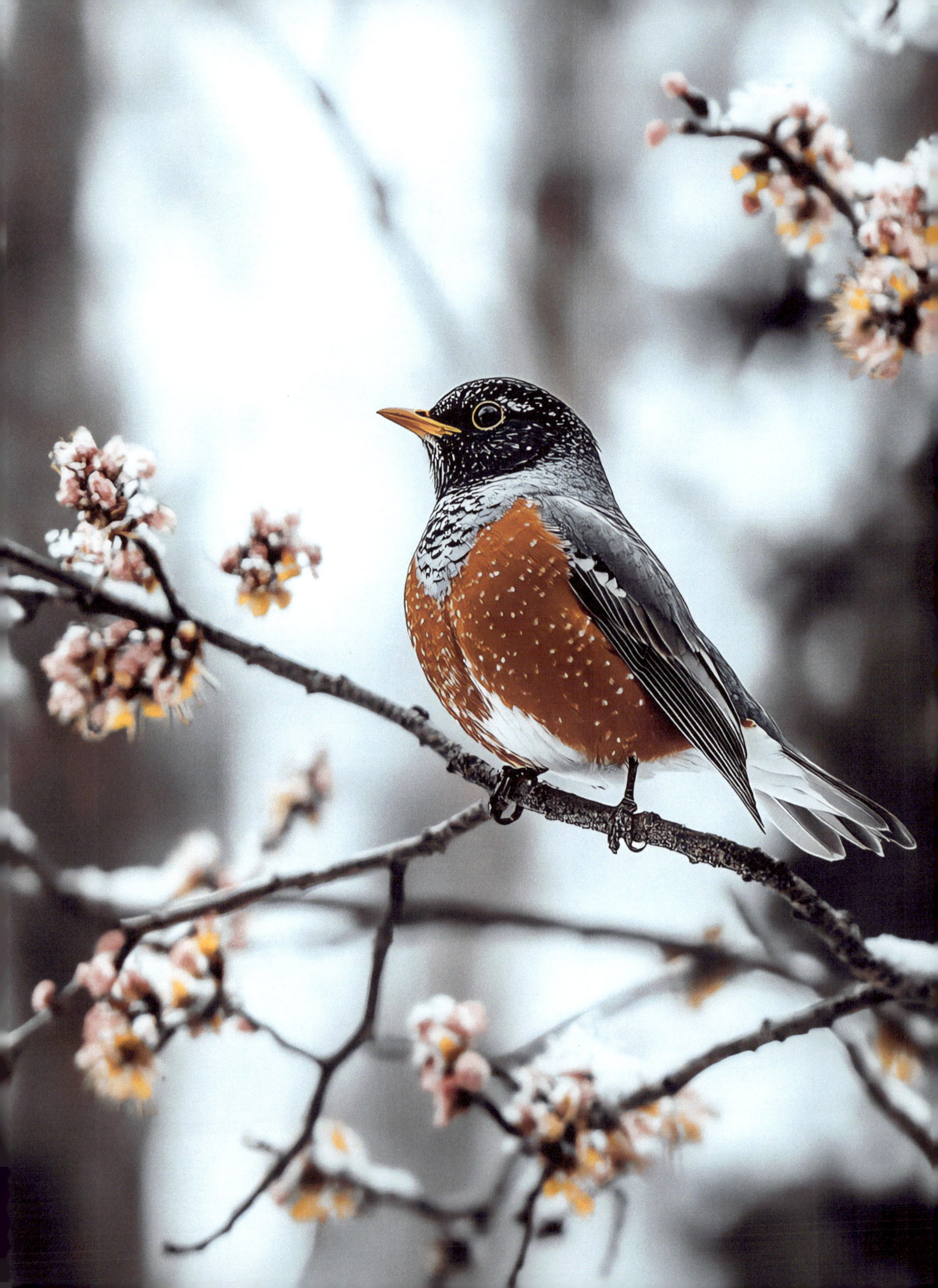

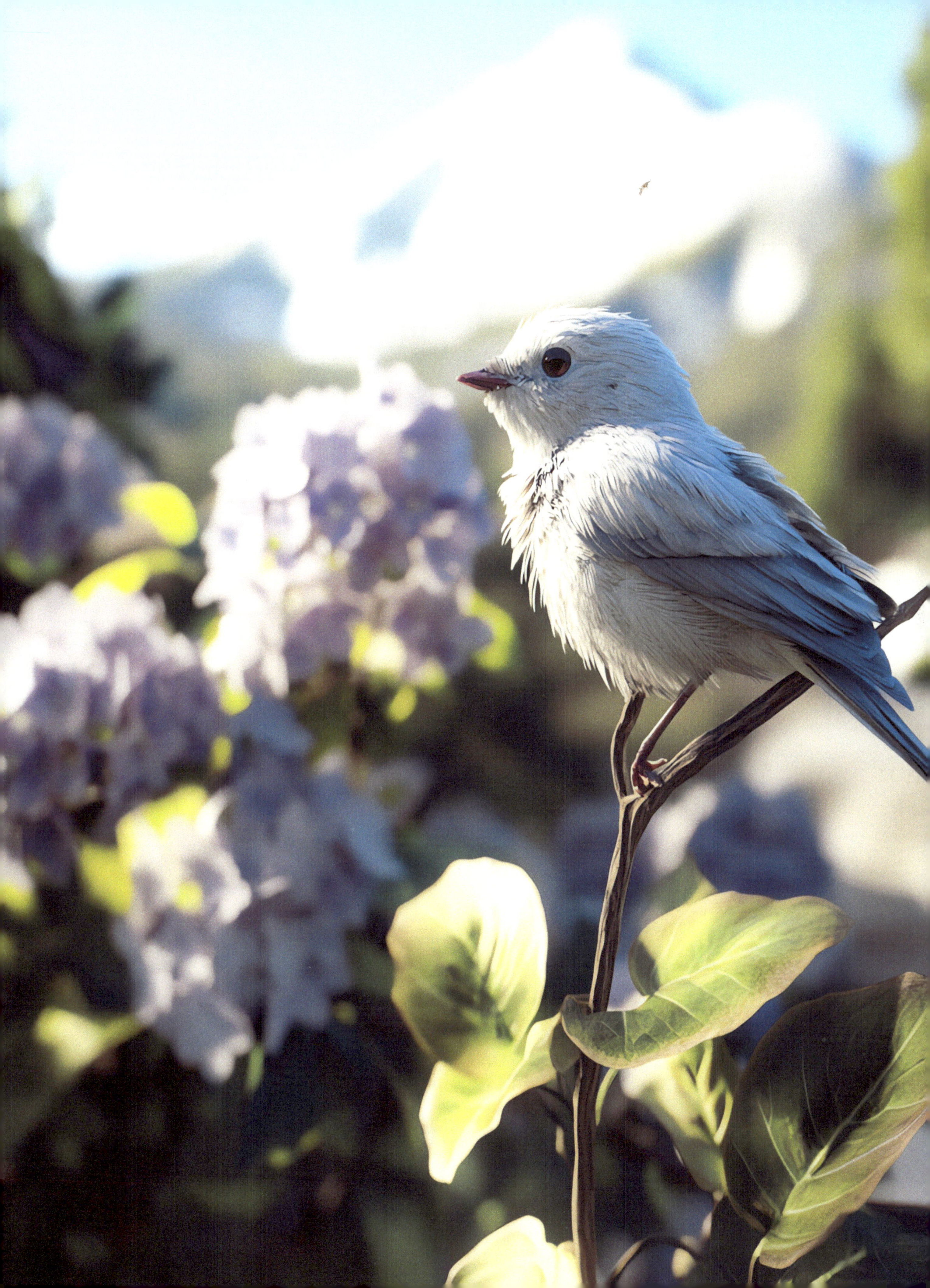

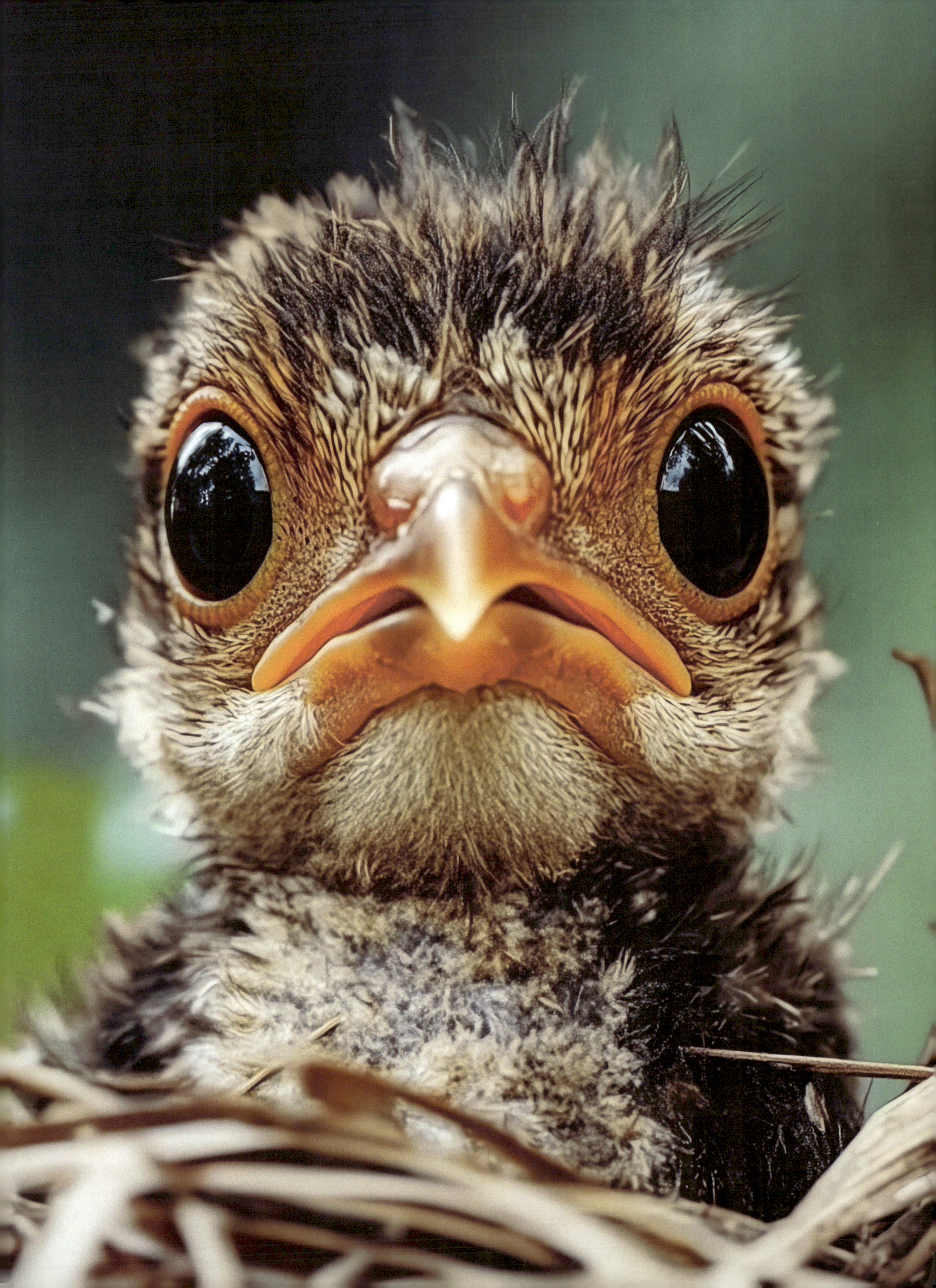

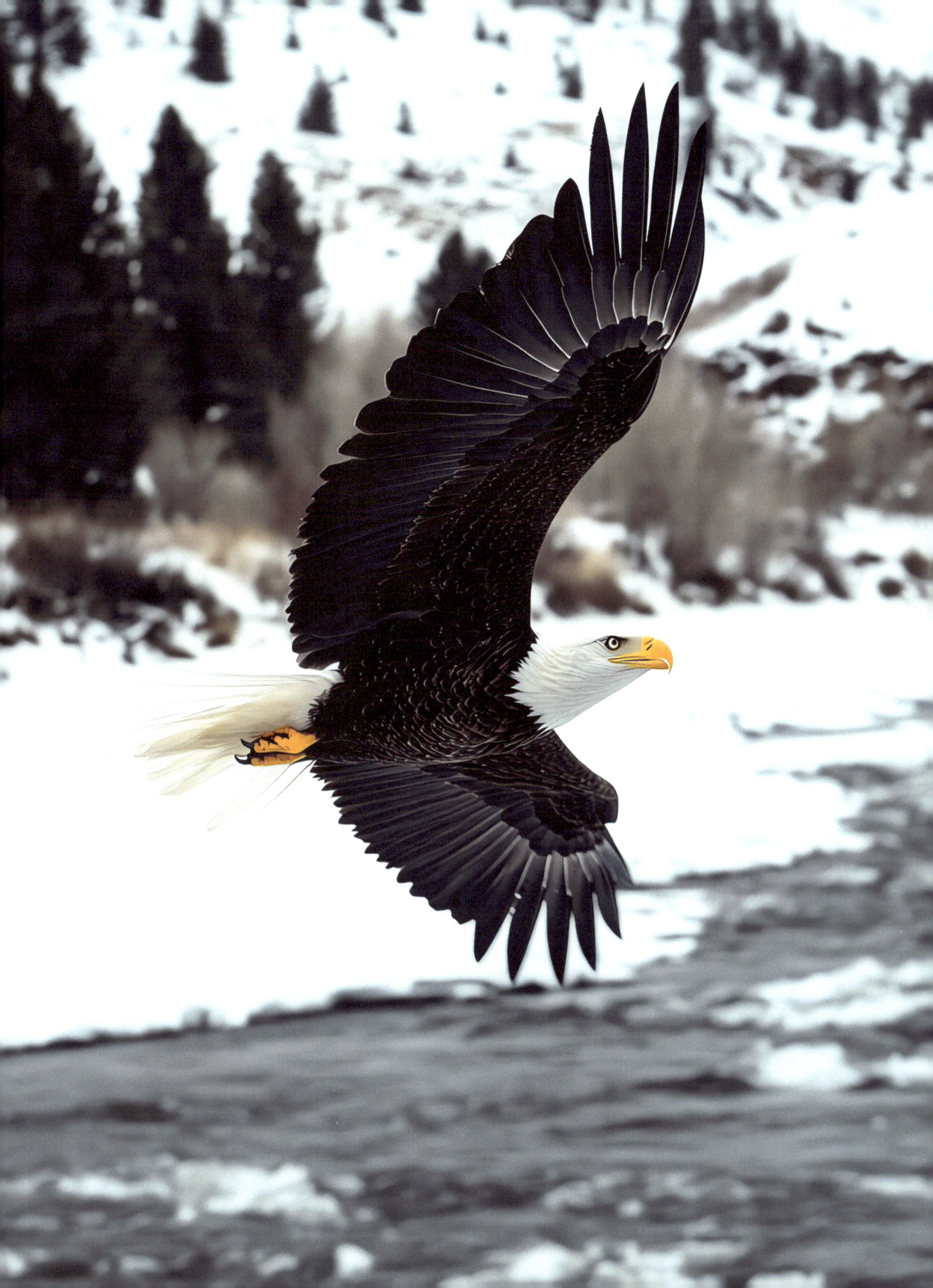

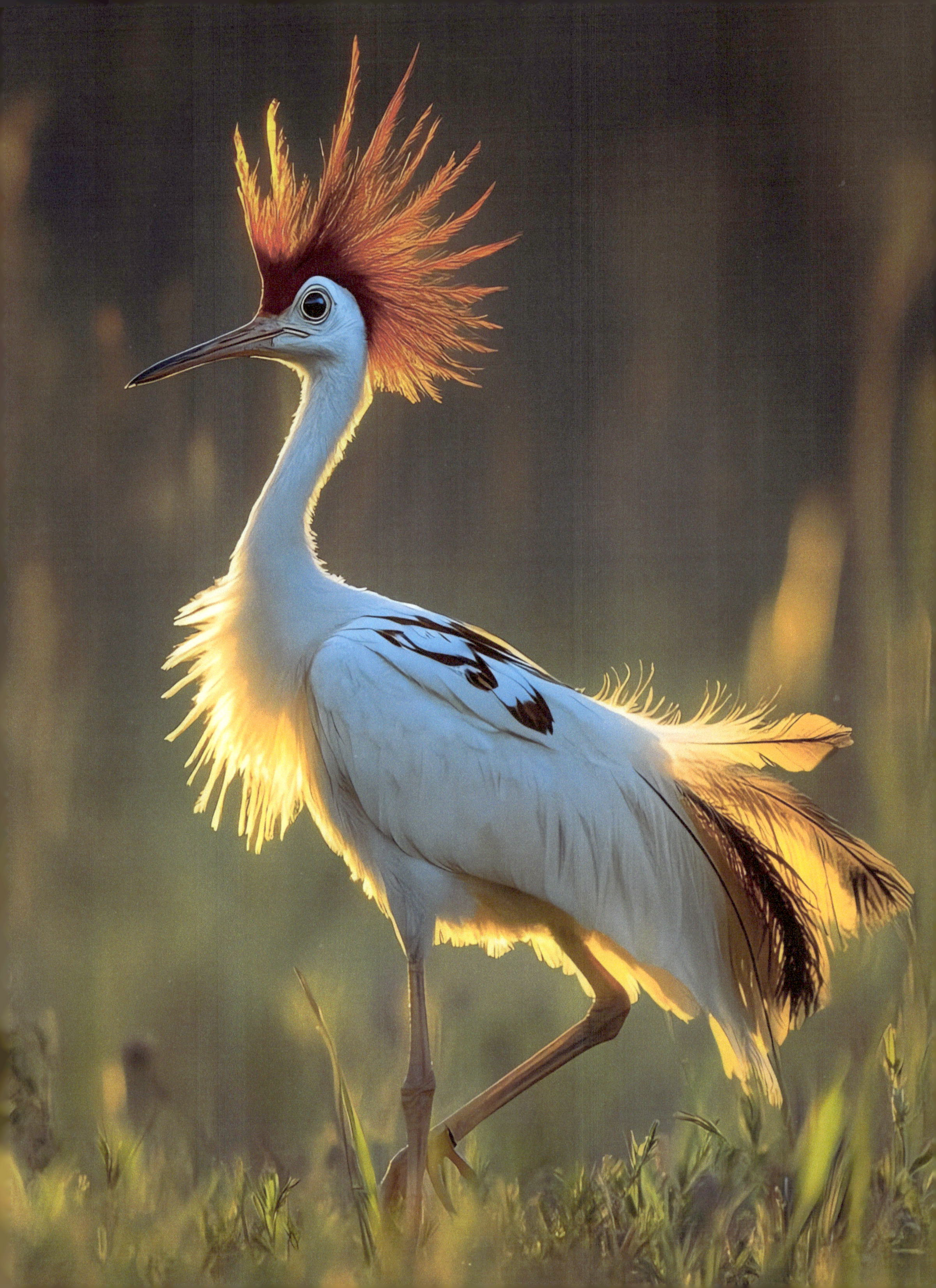

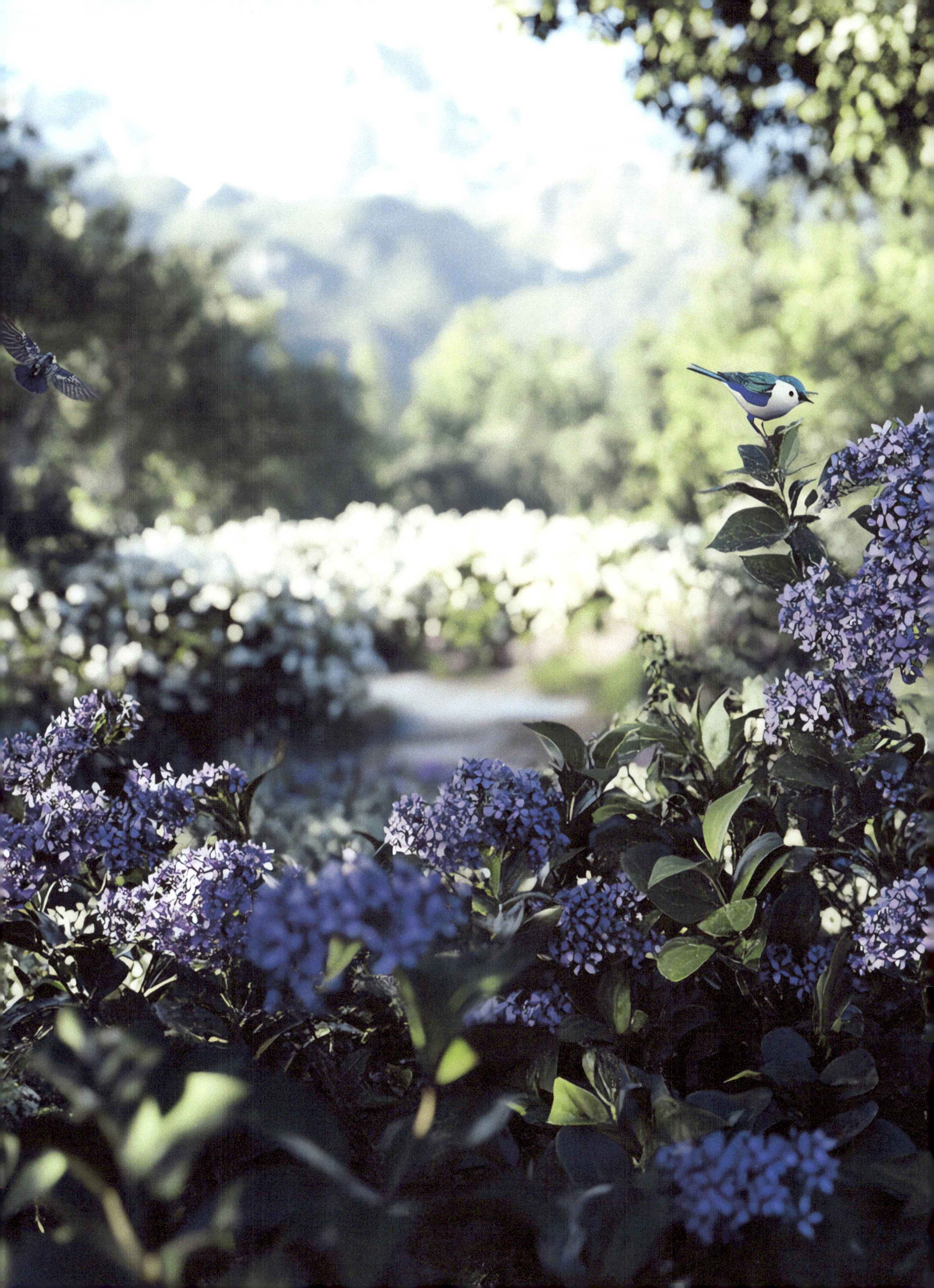

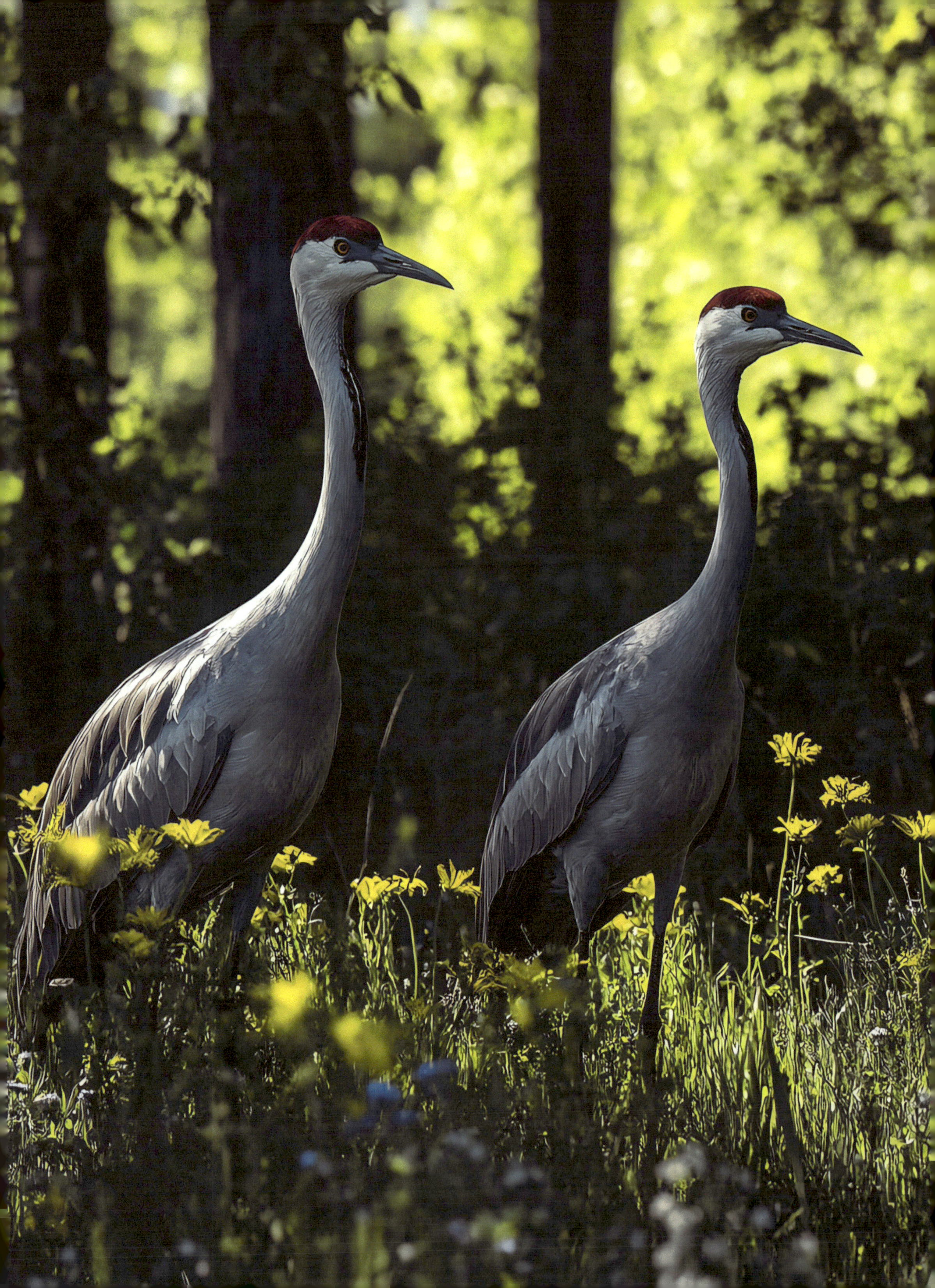

www.ingramcontent.com/pod-product-compliance
Lightning Source LLC
Chambersburg PA
CBHW040426220526
45473CB00004B/1350
* 9 7 9 8 3 0 3 2 3 8 9 0 9 *